KB111613

사림,
조선의
586

사림, 조선의 586

초판 1쇄 인쇄 2021년 6월 25일
초판 1쇄 발행 2021년 6월 28일
초판 2쇄 발행 2021년 7월 9일

지은이 | 유성운
펴낸이 | 황보태수
기획 | 박금희
마케팅 | 유인철
교열 | 김성희
디자인 | 김민정
인쇄 | 한영문화사
제본 | 한영제책

펴낸곳 | 이다미디어
주소 | 경기도 고양시 일산동구 정발산로 24 웨스턴타워1차 906-2호
전화 | 02-3142-9612
팩스 | 0505-115-1890
이메일 | idamedia77@hanmail.net
블로그 | https://blog.naver.com/idamediaaa
네이버 포스트 | http://post.naver.com/idamediaaa
페이스북 | http://www.facebook.com/idamedia
인스타그램 | www.instagram.com/ida_media

ISBN 979-11-6394-048-7(03300)

사림, 조선의 586

유성운 지음

이다미디어

차례

추천의 글 한국의 586, 조선 사림의 귀환 • 008

프롤로그 누가 대한민국을 '후조선'으로 만들었나? • 010

1장 성리학과 사림의 탄생 • 018

1519년 11월의 밤, 기묘사화의 서막 ｜ 조광조를 우두머리로 하라 ｜ 조선, 사림이 만든 나라 ｜ 훈구와 사림의 배경에 차이는 없다 ｜《소학》과《해전사》, 이념의 전사를 만들다 ｜ 성리학의 이상 국가를 꿈꾼 사림들 ｜ 성종과 중종 때 완성된 성리학 질서 ｜ 계유정난은 사대부들에게 큰 충격 ｜ 성종 대 사림의 정계 진출 ｜ 중종 시대에 사림의 복권 ｜ 사림의 총아 조광조의 등장 ｜ 기묘사림은 조선의 0.1% 특권층 ｜ '현량과'를 설치한 조광조의 목적 ｜ '현량과'를 둘러싼 훈구와 사림의 대립 ｜ 뜻이 같으면 천거, 뜻이 다르면 배척

2장 도덕주의 사림의 계보학 • 058

실력보다 족보가 더 중요하다! ｜ '정몽주–길재–김숙자–김종직–김굉필–조광조' ｜ 성리학 계보를 집대성한 주희 ｜ 조선 최초 도통에 거론된 권근 ｜ 조선 성리학

의 기틀을 다진 권근 | 태종이 정몽주 복권을 결정 | 권근의 패배, 정몽주의 승리 | 역사의 패자가 된 대한민국 건국 세력 | 친일파로 전락한 인촌 김성수 | 586 세력의 김원봉 영웅 만들기 | 조선 창건을 막은 정몽주가 적통 | 중종 12년 여름 ① – 김굉필의 등장 | 중종 12년 여름 ② – 사림의 승리 | 선조와 사림의 문묘 종사 공방 | 광해군 때 5현의 문묘 종사 확정

3장 사림의 위선, 586의 내로남불 · 098

20년 유배된 유희춘의 인생 역전 | 사림이 보여준 축재의 카르텔 | 586이 받은 민주화운동의 보상 | 인간의 도리를 말하며 노비는 늘렸다 | 정약용도 공노비 해방을 비판 | '열녀 만들기'에 나선 조선 사림 | 임란 후 '열녀전'에 꽂힌 양반들 | 안희정과 박원순의 차이는? | 정치인의 불명예스러운 죽음을 성역화 | 미네르바와 김지하에게 죽음을 권한 세력 | 서원과 향약으로 지방 권력 장악 | 과전법 대신 유향소 챙긴 사림 | 유향소 통해 향리 집단을 지배 | 현대판 유향소를 추진하는 이유 | 혈세에 빨대 꽂는 세력은 누구인가? | 서원을 통해 중앙 정계를 좌우

4장 군자와 소인, 사림의 당동벌이 · 134

'당동벌이'의 사림 정치 | 자신은 '군자당', 반대파는 '소인당' | 사림의 부활은 연산군의 '유산' | '박근혜 탄핵'과 586 세력의 부상 | "군자와 소인은 함께하기 어렵다" | 군자와 소인의 논쟁이 끼친 악영향 | 남이 하면 '적폐', 자기가 하면 '적법' | 가덕도 신공항의 내로남불 정책 | 군자가 정치하면 모든 것이 좋아진다?

5장 이상주의자 조광조의 왕도 · 156

원·명 교체기와 고려 말의 혼란 | 원나라에서 들어온 성리학 | 조선 전기 집권층은 문무의 균형 | 여진족 속고내를 놓고 벌어진 내분 | 연산군이 '연은분리법'으로 은 생산 지시 | 중종반정으로 막힌 은 생산 | 세계 2위가 된 일본의 은 생산량 | 해외 자원 개발에도 적폐 딱지 | 명분 앞세운 탈원전 정책의 후유증

6장 무본억말 조선의 망국 · 184

안빈낙도를 노래한 양반의 위선 | 사대부는 도덕, 권력에 부까지 장악 | 나라가 시키는 대로 살았는데 왜 가난할까 | "백성이 상공업에 종사하면 간사해진다" |

상업을 무시하고 농업만 바라본 사림 | 국법으로 금지된 민간 무역 | 중국에 팔 물건이 사신의 수레에 가득 | 사라능단에 집착한 조선의 지배층 | 조선이 망하지 않고 500년을 버틴 이유 | 절대적 빈곤이 초래한 체념과 무기력 | 도성 안의 집 매매와 전세를 모두 금지 | 매매를 막아도 급등한 한양 집값 | '인 서울'의 중요성을 강조한 정약용 | 18세기 한양의 인구는 20만 명 정도

7장 사림의 반청과 586의 반일 · 214

2차례 호란과 대기근을 겪은 17세기 | '뜨거운 감자' 명나라 모문룡 딜레마 | "중국에 죄 짓고, 백성들 원한을 샀노라" | 명나라의 패배를 예상한 광해군 | 후금에 대해 무시와 낙관론으로 일관 | '부자 관계'가 된 명나라와 조선 | 병자호란 전야 ① - 인조의 분노 | 병자호란 전야 ② - 홍타이지의 격분 | 10만 대군을 이끌고 나타난 홍타이지 | 주화파 최명길과 척화파 김상헌의 대립 | '간신' 최명길과 '충신' 김상헌 | '조선'의 망국보다 중요했던 '중화'의 보존 | 송시열의 북벌과 586의 반일 | 국제 관계를 국내 정치용으로 악용

에필로그   도덕을 외친 사림은 특권을 챙겼다! · 264

참고문헌 · 268

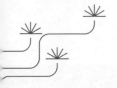
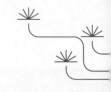

한국의 586,
조선 사림의 귀환

동양철학과 사상사를 공부하면서 확신하게 된 것이 있다. 운동권은 조선 사대부의 귀환이라는 것을. 이들은 군자와 소인이라는 이분법으로 세상을 본다. 군자가 따로 있고 소인이 따로 있다고 자신한다. 군자가 장기 집권해 선한 의도로 통치하면 좋은 세상이 올 것이라고 확신한다. 조선 시대 사림들의 생각이자 현 집권 세력의 사고다. 역사를 공부한 지은이는 역사적 맥락과 과정을 자세히 훑어내 조선 사림과 대한민국의 586이 어떻게 닮아 있으며, 얼마나 비슷하게 나라를 이끌어가는지를 보여준다.

이들은 건국에 공헌하지도 않았으면서 반대했고, 중앙 정치의 외곽에서 끊임없이 사람을 키우면서 사상의 진지를 늘리고, 언어와 문화 전쟁에서 승리해 정치적 헤게모니를 장악해갔다. 마침내 권력을 독점한 뒤엔 치부와 특혜에 골몰하고, 위선과 내로남불을 보이며 국가를 점차 병들게 했다. 실무와 정책적 유능함보다는 족보와 과거에서 자신들의 정치적 정당성과 기득권을 내세웠다.

지은이가 제시하는 탄탄한 역사적 사실을 훑어나가며 조선 사림과 대한민국 운동권 세력이 무척이나 닮아 있다는 것을 절로 수긍하게 되는데, 문득 이런 질문이 떠오른다.

586이 권력을 잡고 흔드는 대한민국은 사림이 주도권을 잡은 조선과 유사한 길을 계속 걸어가다 못해 비슷한 최후를 맞이할 것인가? 건국 초기만 해도 상대적으로 선진국이었던 조선이 쇠망한 것과 같은 역사적 경로를 대한민국도 걸어갈까?

미래는 알 수 없는 노릇이지만 이 책은 지금 우리가 할 일이 무엇인지를 알려준다. 그것은 단순히 현 집권 세력에 대한 비판이 아니라 조선의 청산이다. 우리는 한 번도 조선의 망국을 확실히 반성하지 않았다. 외세만을 탓하며 반성하지 않으니 조선이 죽지 않고 586을 앞세워 귀환한 것이다.

지은이는 조선에 대한 제대로 된 반성이라는 틀에서 이 글을 썼는데, 그가 젊은 필자라는 게 더 눈에 띈다. 기성세대는 조선을 보내지 못했지만 이제 젊은 세대들 중심으로 한없이 미뤄왔던 조선의 장례를 치러주는 것이 어떨까? 더욱 부강하고 행복하고 자유로운 개인들의 사회를 만들기 위해서 말이다.

이제는 당당하게 조선의 잔재를 청산하자!

동양철학자 임건순

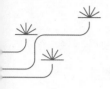
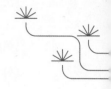

누가 대한민국을
'후조선'으로 만들었나?

나는 한때 '묻따민'이었다!

먼저 고백부터 하자면 나는 한때 '묻따민'이었다. '묻지도 따지지
도 말고 민주당을 찍는다'라는 신념에 충실했다. 내가 속한 1990년
대 후반 학번 세대가 대체로 그렇듯이 김대중 전 대통령을 지지했
고, 노무현 전 대통령을 당선시키기 위해 '희망돼지'를 들고 캠퍼스
를 누볐다. 때로는 기대보다 시원치 않았지만 돌고 돌아 먼 길을 가
더라도 결국은 시민의 삶이 윤택해지고 민주주의가 성숙된 지점에
도달할 것으로 믿어 의심치 않았다.

선배들로부터 김민석, 이인영, 우상호, 임종석 같은 586 정치인들
의 무용담을 들으며, 일면식도 없는 그들에게 강한 연대감을 느끼
곤 했다.

그러다가 2006년 신문사에 입사해 2009년 정치부에 배치됐다. 출입처는 민주당. 그 전날 뒤척이며 좀처럼 잠을 이루기 어려웠다. 정치부라는 출입처의 무게감도 있었지만, 그동안 우상처럼 여겼던 이들을 직접 마주하게 된다는 기대에 부풀어 있었던 것 같다.

나의 동경과 환상은 얼마 지나지 않아 무너졌다. 호남에 지역구를 둔 모 의원실에 인사를 하러 들렀다. 신문사의 야당팀 말진(연차가 가장 낮은 기자)이었던 내가 명함을 돌리고 있자 보좌관 A씨가 "세상 돌아가는 이야기나 합시다"라며 나를 한쪽으로 데려갔다. A씨는 운동권 출신이었다. 당시 민주당에는 의원부터 보좌진까지 운동권 일색인 경우가 드물지 않았다. 그와 이런저런 이야기를 나누다가 여당인 한나라당으로 주제가 넘어갔다.

A 보좌관이 말했다.

"솔직히 우리끼리 하는 말이지만 사람이 양심이 있으면 저런 당에서 일할 수 있겠어요? 나는 저 사람들하고 말 섞는 것도 수치스러워요."

그의 말 속에서 도덕적 우월감과 함께 상대를 타협이나 협상의 상대로 인정할 수 없다는, 다시 말해 존재 자체를 부정하는 뿌리 깊은 증오가 느껴졌다.

처음엔 A 보좌관이 다소 강성이라고 생각했는데, 그게 아니었다. 민주당을 출입하는 동안 이런 '만남'을 자주 겪게 됐고, 나의 기대는 조금씩 당혹으로 바뀌었다. 내가 생각하는 민주주의와 이들이 생각하는 민주주의는 다른 개념일 수도 있겠다는 생각이 들기 시작했다.

내가 생각하는 민주주의는 상대에 대한 존중을 바탕으로 하는 대화와 협상이었다. 그런데 민주당 일부 인사들, 특히 586으로 대표되는 인사들은 선악의 이분법으로 재단하는 경우가 많았다. 그들은 친일파의 후예들이 친미와 쿠데타를 통해 정권을 잡아 지금까지 이어져온 것이 한나라당(지금의 국민의힘)인 만큼 그들과 협상이나 타협에 임하는 것을 부도덕하다고 생각하는 듯했다. 늘 '투쟁'을 강조했다.

하지만 설령 그들의 말처럼 한나라당이 '군사독재의 후예'라고 쳐도, 그 당을 지지하는 국민이 30%가 넘는데, 정치적 견해가 다르다고 해서 '적폐'라고 무시해버리는 게 민주주의일까. 또 민주주의 정당이라면서 김대중 노무현 정신이라는 것을 앞세우고 이것은 무오류고, 일점일획도 고칠 수 없다는 식으로 비판을 허용하지 않는 것도 납득이 되지 않았다. 또한 이것을 전가의 보도처럼 내세워 의견이 다른 상대를 마치 사문난적(斯文亂賊)처럼 다루는 것도 민주주의 정당이라기보다는 조선 사림의 당파를 보는 듯했다.

조선의 사림과 대한민국의 586

언제부터인지 내 주변에서는 '후조선'이라는 용어가 많이 보이기 시작했다. 조선 시대에 나타났던 몇몇 난맥상이 지금 집권층에서 반복되는 것 아니냐는 우려인 것 같다. 민주당이 야당일 때는 잘

보이지 않던 586의 정치 스타일이 여당이 되면서 수면 위로 떠오른 것이라고 생각한다. 나 역시 과거 민주당을 출입하면서 느꼈던 비슷한 문제의식이 있었기에 이참에 제대로 한번 따져보기로 했다.

물론 '두 시대의 성격이 전혀 다른 데다 사림과 586을 비교하는 것이 가능하냐'라는 반론이 나올 수 있을 것이다. 나도 거기에 일정 부분 동의한다. 무엇보다 사림은 성리학이라는 학문을 꽤 깊게 공부하고 높은 수준의 철학적 가치를 논변했던 이들인데, 지금의 586 세력이 그런 수준의 학습을 했는지는 의문이다.

그럼에도 불구하고 학문적 수준만 제외한다면 이들이 놀라울 정도로 유사한 면을 보이고 있다. 정치 세력으로서의 등장과 성장 과정, 집권 후 정국 운영 등에서 마치 '역사의 도돌이표'를 보는 느낌이다.

예를 들어 새로 세운 나라의 수혜자인데 건국 주도 세력을 부정한다든지, 그래서 건국을 반대한 이들을 오히려 긍정적으로 평가한다든지, 실리보다 명분을 앞세운다든지 하는 점 등이다. 또한 기득권층을 성토하면서 정작 자신들도 그런 기득권층의 행태를 똑같이 따라 한다는 점이나, 특정 가치관에 매몰되어 세계가 어떻게 돌아가는지에 대해 눈을 감고 엉뚱한 정책을 펴는 것도 비슷해 보인다. 그리고 신분 상승의 사다리를 걷어차고 자신들만을 위한 '매트릭스'를 꾸며놓으려 하는 점도 그렇다.

이와 별개로 대통령을 비판하면 여당에서 "무엄하다"고 꾸짖는 일, 일부 언론에서 김정숙 여사를 '김정숙 씨'라고 지칭했다가 곤욕을 치렀던 일, 또는 외국 언론에 대해 여당 대변인이 '머리 검은 외

프롤로그

신'이라고 공격했던 일 등은 위정척사를 외치던 조선 왕조 시대를 보는 것 같아 섬뜩할 때가 있다. 이런 상황과 마주할 때면 나는 진정 21세기 민주공화국에 살고 있는 것이 맞는지 고개를 갸웃하고는 했다.

한때 여권에서 가장 리버럴한 이미지를 가졌던 안희정 전 충남지사조차 반기문 전 유엔사무총장의 출마 준비에 대해 "자신이 모시던 대통령의 죽음 앞에 조문조차 하지 못하는 신의 없는 사람"이라고 비판한 것도 나에겐 실망스러웠다. 대통령은 5년 임기의 시민의 대표이지, 평생 의리를 지키고 모시고 살아야 하는 왕이나 주군은 아니지 않은가.

대한민국의 40대는 누구인가?

이 책을 쓰면서 가장 염두에 둔 것은 나와 동시대를 향유한 40대다. 서울과 부산의 양대 시장 성추문으로 인해 실시한 4.7 보궐선거를 통해 대부분의 세대가 문재인 정부의 심판에 동참했지만, 여전히 굳건한 콘크리트 지지층으로 존재하고 있다고 알려진 그 40대다.

현재의 40대는 대한민국 건국 이래 가장 탈정치화된 세대였다. 'X세대'로 상징됐던 우리 세대는 정치보다는 문화에 관심이 많고, 처음으로 대학 입학과 함께 해외여행을 즐겼으며, 《드래곤볼》과 《신세기 에반게리온》 같은 만화와 애니메이션 그리고 '삼국지' 시리즈로 유명한 코에이사가 만든 각종 게임 등 일본 대중문화에 심취한 세대였다.

그런 점에서 18세기 후반 새로운 것에 눈을 돌렸던 젊은 조선 유학자들이 연상되기도 한다. 한때 '오랑캐'이자 병자호란의 '원수'인 청나라를 통해 들여온 서학이나 골동품, 악기, 지리 등 외국의 새로운 사상에 관심을 보였고, 요즘 말로 하면 '덕후'가 나타났던 때다. 하지만 그들의 새로운 에너지는 취미 정도로 국한됐고, 결국 시대를 바꾸는 추동력으로 발전시키는 데는 실패했다. 무엇보다 18세기의 젊은 유학자들도 주자성리학에서 말하는 춘추대의라는 명분에 깊이 공감했기 때문에 다른 가치관이 들어올 자리가 없었다. 선배들이 만들어놓은 성리학적 세계관을 깨기에는 그 벽이 너무 단단했고, 반면 이들의 조직력은 미약했다.

마찬가지로 지금의 40대도 그들의 새로운 경향을 사회적 에너지나 정치적 흐름으로 발전시켜, 전 세대가 만든 낡은 틀을 전복하는 데는 실패했다. 마치 청나라의 문물이나 서학에 관심을 두면서도 퇴계와 율곡이 만든 틀에 눌러버렸던 18세기의 사대부들과 비슷해 보인다.

돌이켜 보면 우리는 스스로 이념과 철학을 공부하기보다는 판타지처럼 미화된 586 세력과 그들의 세계관을 무비판적으로 받아들였던 것 같다.

그래서 18세기 사대부들이 '지금 조선에 아무리 문제가 많다고는 해도 이보다 더 나은 체제가 있겠냐'라고 체념한 것처럼, 지금의 40대 역시 586이 만든 세계관 속에서 '아무리 민주당이 못한다고 해도 보수 정당을 어떻게 뽑냐'라고 체념하고 있다고 나는 생각한다. 여전히 586 정치인들을 따르는 친구나 선후배들과 이야기를 나눠보니 온도 차는 있지만 대개 이런 대답이 돌아왔다. "비록 586 정치인들이 다소 실수가 있었다고는 해도 친일 부역 세력의 후예들처럼 '나쁜 의도'가 있었던 것이 아닌 만큼 너그럽게 이해하고 그들의 선의를 믿고 기다려줘야 한다." 그러면서 "대학 때 너는 안 그랬는데, 완전히 변했구나"라며 씁쓸해하기도 했다.

인정한다. 내가 586 세력을 바라보는 시각은 과거와 달라졌다. 특히 이번 정부를 거치면서 그동안 마음속에 담아뒀던 작은 염려와 의심은 이제 확신으로 바뀌었다.

그리고 그렇게 변화를 겪게 된 이유를 지금부터 이 책을 통해 설명하고 이해를 구하고자 한다. 내가 왜 586에 대해 우려하고 경계하는지, 대학 때 배운 역사라는 거울을 통해 비쳐보며 나름대로 풀어갈 생각이다.

그래서 나는 이 책을 누구보다 나와 같은 시대를 살아온 동년배 40대가 많이 봐줬으면 좋겠다. 이 책의 내용에 동의하든 안 하든 87년 체제를 극복하고 586을 넘어서는 새로운 대안과 가능성을 생각해보는 계기가 된다면 그보다 더 좋은 일은 없을 것 같다.

2021년 6월
유성운

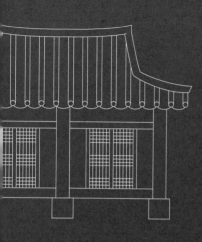

"조광조 등을 보건대, 서로 붕당을 맺고서 저희에게 붙는 자는 천거하고 저희와 뜻이 다른 자는 배척하여, 성세로 서로 의지하여 권요의 자리를 차지하고, 위를 속이고 사정을 행사하되 꺼리지 않고, 후진을 유인하여 궤격이 버릇이 되게 하여, 젊은 사람이 어른을 능멸하고 천한 사람이 귀한 사람을 방해하여 국세가 전도되고 조정이 날로 글러가게 하므로 (…) 사세가 이렇게까지 되었으니 한심하다 하겠습니다."

《중종실록》 14년 11월 15일

1장

성리학과
사림의 탄생

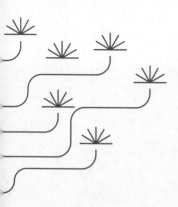

1519년 11월의 밤, 기묘사화의 서막

1519년 11월의 늦은 밤이었다. 2경(오후 9~11시)이 지났는데 궁궐이 소란스러웠다. 승정원에서 숙직을 서던 승지(承旨, 승정원 정3품) 윤자임(尹自任)과 공서린(孔瑞麟), 주서(注書, 승정원 정7품) 안정(安珽) 등이 무슨 일인가 싶어 나가보니 연추문(延秋門, 경복궁의 서문)이 활짝 열린 채 군졸들이 정렬해 있었다.

심상치 않은 분위기를 직감한 이들은 왕이 있는 근정전으로 서둘러 갔다가 깜짝 놀라고 말았다. 근정전 앞은 불이 훤히 밝혀진 가운데 군졸들이 좌우로 삼엄하게 서 있었다. 그 앞에는 굳은 얼굴로 앉아 있는 병조판서 이장곤(李長坤)·판중추부사 김전(金詮)·호조판서 고형산(高荊山)·화천군 심정(沈貞)·병조참지 성운(成雲) 등이 보였다.

한밤중에 입궐하려면 누구든지 승정원에서 표신(標信, 조선 시대 급변을 전할 때나 궐문을 드나들 때 사용한 출입증)을 받아야 한다. 그런데 승정원에서는 오늘 이들에게 표신을 내준 적이 없었다. 이들은 대체 어떻게 입궐한 것인가. 보통 일이 아닌 것이 틀림없었다.

윤자임이 물었다.

"공(公)들은 어찌하여 여기에 오셨습니까?"

"대내(大內)에서 표신으로 부르셨기 때문에 왔소."

국왕이 직접 불렀다는 이야기다.

"어찌 승정원을 거치지 않고서 표신을 냈단 말입니까?"

"……."

묵묵부답인 것에 더욱 불안해진 윤자임은 승전색(承傳色, 왕에게 올라가는 보고나 왕의 명령을 전달하는 내시)에게 국왕을 뵙겠다고 요청했다. 하지만 받아들여지지 않았다. 아니, 받아들여질 수 없었다. 국왕을 만나고 나온 승전색 신순강(辛順强)이 성운을 부르더니 말했다.

"당신이 승지가 되었으니 들어가 전교를 들으시오."

'다른 사람이 승지가 됐다고?' 윤자임은 머리를 세게 한 방 맞은 것 같았다. "이것이 무슨 일인가?"라고 따지듯 되물었지만 소용없었다. 이미 성운은 기다렸다는 듯이 자리에서 일어나더니 서둘러 안으로 들어가고 있었다. 윤자임은 성운을 보며 다급히 외쳤다. "승지가 되었더라도 어찌 사관(史官)이 없이 입대할 수 있겠소?"라며 옆에 있던 안정을 시켜 성운의 길을 막도록 했다. 옆에 있던 안

　　　　　　　1장 성리학과 사림의 탄생

정도 성운을 붙잡고 "급한 일이 있더라도 사관은 참여하지 않을 수 없소"라며 함께 들어가려 했지만 문을 지키는 병사들에 의해 밀려났다. 안으로 들어가는 성운을 그저 바라만 보는 수밖에 없었다. 알 수는 없지만 무언가 불길한 일이 벌어지고 있는 것임은 분명했다.

얼마나 지났을까. 국왕을 접견한 성운이 나왔다. 긴장한 얼굴이 역력했다. 그는 종이쪽지를 하나 꺼내 보이며 외쳤다.

"이 사람들을 다 의금부로 보내라."

명단을 본 윤자임과 공서린, 안정은 하얗게 질렸다. 명단에 쓰인 것은 바로 자신들의 이름이었다. 그 자리에서 승지 윤자임·공서린, 주서 안정, 한림 이구(李構)가 바로 체포됐고, 이어서 홍문관에서 숙직하던 응교 기준(奇遵), 부수찬 심달원(沈達源)이 바로 옥에 갇혔다. 이어 의금부는 우참찬 이자(李耔), 형조판서 김정(金淨), 대사헌 조광조(趙光祖), 부제학 김구(金絿), 대사성 김식(金湜), 도승지 유인숙(柳仁淑), 좌부승지 박세희(朴世熹), 우부승지 홍언필(洪彦弼), 동부승지 박훈(朴薰)을 잡아 가뒀다. 모두 당대 정계를 쥐락펴락하던 사림파 핵심 인사들이었다.

"조광조를 우두머리로 하라"

그 무렵, 경복궁 비현합(丕顯閣)에는 국왕 중종과 주요 대신들이 모여 있었다.

영의정 정광필(鄭光弼)을 필두로 남양군 홍경주(洪景舟), 판중추부사 김전, 예조판서 남곤(南袞), 병조판서 이장곤, 호조판서 고형산, 화천군 심정, 한성부좌윤 손주(孫澍), 병조참판 방유령(方有寧), 병조참의 김근사(金謹思), 병조참지 성운, 호조참의 윤희인(尹希仁) 등 사림파가 아닌 주요 대신들이 다 모인 셈이었다. 비현합은 국왕이 경연을 여는 장소이면서 늦은 밤 대신들과 은밀하게 만날 때 쓰이는 장소다. 그렇지만 이처럼 고위직 신하가 한꺼번에 많이 모이는 것은 매우 드문 일이었다.

화두는 조광조였다. 말문이 열리자 누구라고 할 것도 없이 이구동성으로 쏟아냈다. 조광조와 그 세력을 규탄하는 내용이었다.

"조광조 등을 보건대, 서로 붕당(朋黨)을 맺고서 저희에게 붙는 자는 천거하고 저희와 뜻이 다른 자는 배척하여, 성세(聲勢)로 서로 의지하여 권요(權要)의 자리를 차지하고, 위를 속이고 사정(私情)을 행사하되 꺼리지 않고, 후진을 유인하여 궤격(詭激)이 버릇이 되게 하여, 젊은 사람이 어른을 능멸하고 천한 사람이 귀한 사람을 방해하여 국세(國勢)가 전도되고 조정이 날로 글러가게 하므로, 조정에 있는 신하들이 속으로 분개하고 한탄하는 마음을 품었으나 그 세력이 치열한 것을 두려워하여 아무도 입을 열지 못하며, 측목(側目, 무섭거나 두려워서 바로 보지 못하고 곁눈질하여 보는 것)하고 다니며 중족(重足, 발을 모으고 있는 것)하고 섭니다. 사세가 이렇게까지 되었으니 한심하다 하겠습니다. 유사(有司)에 붙여 그 죄를 분명히 바루소서."

"죄인에게 벌이 없을 수 없고 조정에서도 청하였으니, 빨리 정죄(定罪)하도록 하라." (중종)

"누구를 우두머리로 합니까?" (정광필)

"조광조를 우두머리로 하라." (중종)

"이들이 늘 한 짓은 다 정의에 핑계대었으므로 그 죄를 이름 붙여 말하기 어려우니, 짐작해서 해야 할 것입니다." (정광필)

《중종실록》에 기록된 기묘사화(己卯士禍)의 시작은 이렇다. 중종 14년(1519년) 11월 15일 자는 중종의 오른팔이자 개혁의 아이콘으로 추앙받던 조광조와 그 세력(기묘사림)이 하룻밤 만에 극적으로 몰락하는 과정을 생생하게 보여주고 있다.

중종의 총애 아래 정계를 좌지우지하던 조광조는 귀양가는 동안에도 '이것은 중종의 뜻이 아닐 것'이라고 철석같이 믿었다. 하지만 한 달 뒤 그는 기다리던 사면 대신 사약을 받았다. 조광조의 동지들도 칼끝을 피하지 못했다. 김정, 김식 등은 섬으로 귀양을 갔고, 기묘사화의 밤을 목격했던 윤자임은 귀양길에 도주하다가 자결했다. 그 밖에도 조광조와 연루된 이들에 대한 추적과 심판이 진행됐다.

기묘년에 사사된 이들은 훗날 '기묘사림'이라고 불렸다. 정치 세력화한 사림의 사실상의 원조 그룹이다. 기묘사화는 조선 정계와 식자층에게 큰 충격을 안겼다. 한때 새로운 시대를 여는 개혁의 주역으로 평가받던 사림은 시골로 내려가 은거하거나 종적을 감췄다. 기묘사림의 숙청은 한 시대의 종언이었지만 시작이기도 했다.

이로부터 50여 년 뒤, 사림은 정치 주도 세력으로 화려하게 부활한다.

조선, 사림이 만든 나라

엄격한 신분 질서, 장자 우선, 남녀 차별, 화이관(華夷觀)에 입각한 사대주의, 상업 천시, 실패한 근대화, 빈곤한 경제… 조선이라는 나라를 생각하면 떠오르는 이미지는 대개 이런 것들이다.

물론 한글, 거북선, 실학 등 긍정적 이미지도 있지만 몇몇 발명품과 사건을 제외하면 500년간 지속한 나라치고는 남겨진 긍정적 유산이 많지 않다. 적어도 대한민국이 지금처럼 부강해지는 데 기여한 조선의 유산은 거의 없다고 해도 과언이 아닐 것이다.

그래서일까, '조선'과 연관된 단어는 대개 경멸처럼 쓰이는 예가 많다. '씹선비', '유교충', '성리학 탈레반' 등등이 대표적인데 대개 사회 변화를 잘 수용하지 못하고, 주변에 철지난 권위나 이념을 내세우거나 강요하는 개인 또는 집단을 가리킬 때 인용되곤 한다.

그렇다면 조선은 원래 초라하고 가난하며 꽉 막힌 나라였을까? 그렇게만 보기는 어렵다. 조선이 건국된 14세기 말을 기준으로 볼 때 약 20만 제곱킬로미터의 영토에 500만 명 가까운 인구를 가진 강력한 중앙집권국은 세계사에서도 그다지 많지 않았다. 하필 대국 중국 옆에 있어서 그렇지, 이 땅을 떼어다가 유럽에 가져다 놓으면 프랑스나 폴란드 왕국 정도가 국력을 겨뤄볼 수 있을까. 이 무렵 잉글랜드의 인구도 300만 명 정도였다. 대부분 조선보다 '작은' 나라들이었다.

그뿐만 아니라 조선은 체계적인 조세 제도를 운용했고, 과거제라는 당시로서는 투명하고 공정한 제도로 인재를 선발했다. 귀족이 아니더라도 능력을 인정받아 신분을 상승시킬 수 있는 '사다리'가 보장된 나라였다. 몇십 년 후에는 독자적인 글자까지 만들었다. 다시 말해 초기의 조선은 세계사적으로 봐도 뒤처지는 나라가 아니었으며, 오히려 선진적이고, 역동적 에너지가 살아 있는 나라였다.

그렇다면 조선과 관련되어 떠오르는 온갖 부정적인 이미지는 무엇이란 말인가. 결론부터 말하면 우리가 생각하는 조선은 중기 이후의 모습이다. 균분 상속은 장자 집중으로 바뀌었고, 사별한 여성의 재가는 엄격히 금지됐으며, 사회의 모든 제도와 재화가 양반의 권익 보호를 위해 존재하게 됐다.

그리고 이 같은 변화를 주도한 것은 사림(士林)이었다. 즉, 우리가 알고 있는 조선은 이성계(李成桂), 정도전(鄭道傳), 이방원(李芳遠)이 아니라 조광조, 이황(李滉), 송시열(宋時烈) 등 사림이 만든 나라다. 역사상 손꼽힐 만큼 이념적 원리주의자였던 이들의 손에 국가 권력이 넘어가면서 조선은 큰 역사적 전환을 맞이했다.

훈구와 사림의 배경에 차이는 없다

그렇다면 사림은 누구일까? 학계에서도 사림이라는 명칭이 언제
시작됐고 왜 그렇게 불리게 되었는지는 명확하게 설명하지는 못한
다. 조선 성종 대에 본격 등장했다고 보지만 실제로는 태조 때 기
록에도 사림이라는 용어가 등장한다.

> "상의중추원사(商議中樞院事) 이인수는 본디부터 재주와 덕망이 없으며
> 다만 음식을 요리하는 일만 알았을 뿐이온데, 지금 새로운 정치를 하는
> 시기를 당하여 외람히 추부(樞府)에 오르게 되니, 사림(士林)이 실망하고
> 있습니다."   《태조실록》1년 8월 19일

이때의 사림은 특정 그룹이라기보다는 조선의 사대부 전체를 가
리킨다. 일종의 여론과도 같은 의미다.

반면 우리가 통상적으로 이야기하는 사림은 이보다 역사적이고
정치적인 의미를 지니는데, 학계에서는 다음과 같이 규정하고 해
석하는 게 일반적이다.

'사림은 여말선초 무렵 조선의 건국에 반대해 지방으로 낙향한
지식인들의 후예다. 중소 지주 출신인 이들은 과거에 응시하지
않고 지역에서 학문과 후진 양성에 힘썼고, 조선 성종 때부터 중
앙 정계로 진출했다. 성리학에 대한 강력한 실천 의지를 가진 이
들은 《소학(小學)》을 중요시했으며, 삼사(사간원, 사헌부, 홍문관)를

중심으로 세력을 구축했다. 훈구 세력과 충돌해 네 차례 사화를 입으며 타격을 입었지만 꾸준히 성장해 선조 때 정권을 장악하게 된다.'

우리가 학교의 교과서를 통해 배우는 사림은 대개 긍정적인 이미지를 갖고 있다. 정의롭고 도덕적인 이들은 기득권 타파를 위한 개혁에 앞장섰고, 이 때문에 나라의 온갖 이익을 착취하던 훈구파에게 억울하게 탄압받았다는 것이다. 이런 관점은 조선 시대부터 이어져왔다. 사림은 조선을 도학의 길로 이끌었고, 모든 붕당이 이로부터 나왔으니 당연한 이야기다.

그렇다면 이들을 못살게 군 훈구파는 어떤 세력인가? 학교에서 배우는 훈구파는 대략 이렇게 정리된다.

'조선 건국에 기여하고 태종(제1·2차 왕자의 난), 세조(계유정난), 중종(중종반정)이 왕위에 오르도록 도운 공신들과 외척 세력으로 공신전 등 각종 특혜를 받으며 정계에서 주요 세력이 되었다. 성종 이후 중앙 정계로 진출한 사림이 이를 비판하자 훈구파는 네 차례에 걸쳐 사화를 일으켰다.'

그런데 이런 이분법은 사실과는 거리가 멀다. 예를 들어 사림의 지도자였던 조광조만 해도 지방이 아닌 한양 토박이였고, 고조부는 건국 2등 공신으로 책봉된 조온(趙溫)이다. 다시 말해 조광조는 지방의 중소 지주가 아니라 한양의 명문가에서 자란 공신 집안 출신이다. 또 사림에서 받들었던 김굉필(金宏弼), 정여창(鄭汝昌)을 비롯해 훗날 성리학의 대가로 숭앙된 이황도 사정은 비슷하다. 모두 전국 각지에 걸쳐 거대 규모의 전답과 노비를 보유한 대지주 세력이다.

그래서 대표적인 한국사 권위자로 꼽히는 미국의 에드워드 와그너(Edward Wagner) 전 하버드대 교수는 "훈구와 사림 사이의 배경에 차이는 없다"라고 단언하기도 했다. 그런데도 조선의 유생들이 사림과 훈구를 계속 차별화했던 이유는 뭘까?

미국 할리우드 히어로물을 생각해보면 이해하기 쉽다. '배트맨'이 있으면 '조커'가 있어야 하고, '배트맨'의 위대함은 '조커'와의 싸움에서 쟁취한 정의로운 승리를 통해서 구현되는 법이다. 사림의 역사적 정당성을 확보하기 위해 '조커' 역은 훈구파에게 맡겨진 셈이다. 다시 말해 이런 선과 악의 이분법은 조선을 사림의 나라로 만들고, 사림이 집권하는 명분을 뿌리내리기 위한 일종의 '세뇌' 작업이었다.

《소학》과 《해전사》, 이념의 전사를 만들다

586 세대가 애지중지했던 책 중에 《해방 전후사의 인식(해전사)》이 있다. 1979년부터 10년에 걸쳐 6권으로 출간돼 1980년대 대학생들에게 세상을 보는 눈을 뜨게 해준 길잡이였다.

1948년 대한민국 정부 수립과 6.25 전쟁, 북한의 현대사를 다룬 이 책은 현재의 대한민국을 친일파와 그 후예가 미 제국주의

　　　　　　　　　　　　1장 성리학과 사림의 탄생

에 빌붙어 통치하는 국가로 본다. 그렇기 때문에 민족의 정통성은 김일성이 세운 북한에 있으며, 미 제국주의를 타도하고 친일파를 청산해야 비로소 진정한 조국 해방을 누릴 수 있다는 것이 요지다.

1990년대 소련이 해체되고 각종 기밀문서들이 공개되면서 이들의 주장들, 예컨대 6.25 남침 유도설 같은 것은 사실과 완전히 다르다는 것이 증명됐다. 그리고 이젠 학계에서 폐기된 학설이 많지만, 이 책은 여전히 많은 이에게 세상을 바라보는 틀로서 활용되고 있는 것 같다.

문재인 정부에서 광복회장을 맡은 김원웅 씨의 발언에는 이런 인식이 잘 드러난다. 그는 미국이 대북전단금지법에 문제를 제기하자, "미국이 주도해 한반도 분단이 이뤄졌고, 한국전쟁의 구조적 원인"이라면서 "민족 분단의 불행을 안겨준 미국은 한국 국민에게 역사적 부채가 있다"라고 말했다. 대한민국 근현대사의 모든 문제는 '친일파', '미 제국주의'에 있다는 확신이 아니고서야 공직자가 공개적으로 하기는 어려운 발언이다.

그런데 586의 《해전사》처럼 기묘사림에게도 조선을 어떤 사회로 바꿔야 할지 길을 제시해준 책이 있다. 그 책은 바로 《소학》이다. 일부 연구자는 기묘사림을 '소학 실천자'라고 명명할 정도인데, 기묘사림과 《소학》의 관계는 다음 기록에서도 알 수 있다.

"《소학》과 《근사록(近思錄)》은 곧 학문하는 데에 긴요하고도 절실한 책인데, 그 사람들(기묘사림)이 숭상했던 것이라 화란(禍亂)의 발판이라고 지목하였으므로 사람들이 감히 들여다보지도 못하고 집에다 감히 간수하지도 못하였으며, 부형(父兄)들이 일찍이 자제들을 가르치고 훈계(訓戒)함에 있어서도 한 사람이라도 이 글을 언급함이 있을까 걱정했습니다."

《중종실록》39년 4월 7일

이것은 기묘사화가 일어나고 25년이 지난 뒤 기록인데, 조광조 일파 때문에 사회에서 여전히 《소학》을 꺼린다는 얘기다.

그렇다면 《소학》은 어떤 책일까? 기록을 보면 마치 1980년대 속칭 '불온서적' 같은 이미지인데, 사실 《소학》 자체는 그리 대단한 책은 아니었다. 유교 사회에서 지켜야 할 도리의 구체적 실천 방안을 담은 책이다. 예를 들어 아침에 일어나 저녁에 잘 때까지 옷 매무새와 띠를 단정히 하고, 부모가 계신 곳에 도착하면 숨소리를 낮추고, 여자는 열 살이 되면 밖으로 나다니지 않게 하며, 남자아이는 재빠르게 여자아이는 느리게 대답하도록 한다는 등의 내용들이다.

어떻게 보면 단순하기 이를 데 없다고 할 수도 있겠지만, 문제는 개인의 수양 차원에서 다뤄졌어야 할 책이 정치권력과 결합했다는 점이다. 사림의 《소학》 실천 운동은 국가 정책으로 뒷받침되면서 남녀 및 신분 차별, 여성의 정절, 장자 우선주의, 중화주의를 강화했고, 조선의 사회 모습을 바꾸는 데 결정적 역할을 했다.

또 《소학》은 국왕도 사(士)와 다르지 않은 존재로서 수신을 멈추지 않고 도덕을 실천해야만 군주의 자격을 갖출 수 있다는 점을 강조했다. 제아무리 국왕이라도 사대부들과 세계관을 공유하지 않는다면 그 자리를 유지할 수 없다는 이야기다. 이것은 사림이 국왕을 견제하는 수단으로 작용했고, 광해군을 끌어내리거나 철종 같은 허수아비 국왕을 만드는 배경이 되기도 했다.

> "대왕대비가 이르기를 '오늘은 주상께서 등극하신 첫날이오. 그래서 나는 백성을 사랑하고 부지런히 배우며 근검절약할 것과 군신들을 예우하고 대신을 공경할 것 등 여러 조목으로 먼저 교유(敎諭)하고 여러 대신들을 불러 방청케 하는 것이니, 주상께서 후일 일거일동이라도 이 훈계에 어긋난 바 있으면 대신들은 모름지기 오늘 내가 한 말로 책난(責難)함이 옳을 것이오." 《철종실록》 즉위년 6월 9일

즉위하는 자리에서 '교양이 부족한' 국왕의 기를 잔뜩 누른 대왕대비와 대신들이 나눈 대화는 철종으로 하여금 자신이 앞으로 어떻게 살아야 할지를 분명히 각인시켰을 것이다.

> "정원용(鄭元容)이 아뢰기를 '신은 이틀 동안 모시고 오면서 전일에 무슨 책을 읽으셨는지 알고 싶었으나 노차(路次, 임금의 궐 밖 행차)라서 감히 여쭈어 보지를 못했었는데, 이제는 여쭈어 볼 수 있습니다' 하니, 권돈인(權敦仁)이 아뢰기를 '이제부터는 여러 대신들이 아뢴 뒤에는 꼭 대답을 주시기 바랍니다' 하매, 임금이 답하기를 '일찍이 《통감(通鑑)》 두 권과

《소학》1, 2권을 읽었으나, 근년에는 읽은 것이 없소' 하였다. 조인영이 아뢰기를 '독서와 강리(講理)는 참으로 성덕을 이루는 근본이 됩니다. 만약 이미 배운 몇 편에 항상 온역(溫繹)을 더하여 힘써 행하고 게을리하지 않는다면 옛부터 지금까지 성현(聖賢)의 천언만어(千言萬語)가 어찌 《소학》한 편의 취지에 벗어남이 있겠습니까?' 하니, 임금이 답하기를 '그러나 어렸을 때에 범연히 읽어 넘겼으니, 지금은 깜깜하여 기억할 수가 없소' 하였다. 대왕대비가 이르기를 '만일 글을 읽는다면 어떤 책부터 읽어야 하겠소?' 하니, 정원용이 아뢰기를 '시작은 《사략(史略)》으로부터 하여 조금 문리(文理)를 이해케 된 뒤에 계속하여 경서(經書)를 배우는 것이 좋겠습니다'(라고 하였다.)"   《철종실록》즉위년 6월 9일

여기서 국왕은 스스로 생각하고 자신의 국정 철학을 펴는 존재가 아니었다. 그저 사림이 가르쳐주는 대로 세상을 바라보고, 사림이 만들고 싶은 사회를 위해 정책을 통과시켜주는 '도구'였을 뿐이다. 물론 철종은 본인 스스로 그런 판단을 했다고 '착각'했을 수도 있다. 하지만 설령 생각이 달랐더라도 그것을 들키고 싶지 않았을 것이다. 그랬다가는 큰일이 날 테니 말이다.

성리학의 이상 국가를 꿈꾼 사림들

여기서 이런 의문이 들 수 있다. 조선을 세운 세력도, 훈구 세력

도, 사림 세력도 모두 성리학을 공부한 사대부 아닌가. 맞다. 다만 차이가 있다.

사림이 훈구 등 이전 세대와 두드러지게 다른 것은 성리학에 대한 믿음과 의지다. 조선 초기의 지도층이 성리학을 국가 통치에 유용한 도구로 접근했다면, 사림은 성리학이 사회 밑바닥 구석구석까지 스며들어 모든 곳에서 적용되는 절대적 이념이자 유일한 기준이 되기를 바랐다. 이런 차이가 조선 전기와 후기를 전혀 다른 시대로 만들어냈다.

다음 일화를 보자.

사림이 정계로 진출하기 시작한 조선 성종 때 훈구파로 지목돼 조선은 물론 지금까지도 간신의 대명사처럼 자리 잡은 임사홍(任士洪)이라는 자가 있다. 그가 홍문관과 예문관 관원들로부터 "간신의 궤변을 늘어놓는다"라며 비판받은 적이 있다.

문제가 된 궤변은 재난 대책 문제였다. 성종 9년 4월에 한양에 흙비가 내리고 화재가 이어졌다. 여론이 흔들리자 대간(臺諫, 사헌부와 사간원)에서는 재앙을 잡으려면 금주령을 내려야 한다고 주장했다. 그런데 당대 실력자였던 임사홍이 "흙비는 자연현상이고 화재는 부주의로 생긴 것인데 왜 금주를 하게 만드느냐"라며 일축한 것이 문제가 됐다.

"대간에서는 금주를 행하기를 청하였는데, 임사홍이 말하기를 '경운(慶雲)·분침(氛祲)·운성(隕星)·흙비(土雨)가 내리는 것은 모두 운수(運數)가 마침 그러한 것이며, 인가(人家)가 연달아 접하였는데 조심하지 않아서 불이 나자 바람이 불어 연소되었으니 족히 괴이할 것이 없으므로, 몸을 조심하고 마음을 닦고 살피며 술을 금할 필요가 없습니다'라고 하였으니 (…) 임사홍이 자처하는 바가 간신입니까, 충신입니까? 신 등이 듣고 통분함을 이기지 못하겠습니다." 《성종실록》 9년 4월 27일

지금 기준으로 보면 '간신' 임사홍의 발언이 지극히 정상적이다. 그런데 정통 유학자들이 볼 때는 그렇지 않았다. 이들은 군주가 정치를 잘못하거나 사회의 기풍이 무너졌을 때 하늘이 반응해 자연재해가 일어난다고 봤다. 그래서 재해가 일어나면 군주부터 몸가짐을 바르게 하고 사회 분위기를 일신하도록 촉구해야 했다. 이런 입장은 다음과 같은 발언에서 잘 드러난다.

"구수담(具壽聃)이 말하였다. '임금이 재난을 만났을 때 자기의 마음을 바로 하고 몸을 닦는 일을 다한다면 천변(天變)이 자연 없어집니다. 주선왕(周宣王)은 몸둘 바를 모르고 행실을 닦아 한재(旱災)를 물리쳤고, 제경공(齊景公)은 말 한마디로 형혹성(熒惑星)이 자취를 감추었으며, 그밖에 9년 홍수와 7년 가뭄도 요(堯)와 탕(湯)에 피해가 되지 않았던 것은 모두 덕을 닦음으로써 그렇게 되었던 것입니다. 임금이 참으로 자기 성심을 다하여 하늘과 일체가 된다면 하늘을 감동시킬 수 있는 것입니다.'"

《중종실록》 28년 11월 16일

1장 성리학과 사림의 탄생

임사홍을 공격한 구수담은 조광조의 문하이자 조카사위였다. 즉 대표적인 사림 인사였다. 나라를 다스린다는 것은 구호나 명분이 아니라 실력과 결과를 내는 작업이다. '백성을 위한 나라'를 백날 내걸어봐야 소용없다. 백성이 바라는 것은 재난에 대한 예방과 대책이지 금주 같은 이벤트나 쇼가 아니다.

임사홍과 구수담의 입장 차이에서 우리는 조선 전기와 중기 사대부들이 어떻게 달랐는지 엿볼 수 있다. 조선 전기 사대부들도 성리학을 공부했지만 모든 것을 성리학에 의탁하지는 않았다. 왜 그랬을까. 건국, 왕자의 난, 계유정난(癸酉靖難) 등을 거치며 '현실'을 목도했던 이들은 세상의 난제가 명분만으로 설명되고 해결되지 않는다는 것을 체득했다.

훈구라고 지탄을 받은 임사홍도 성리학을 공부했고 과거에 급제한 인재였다. 하지만 그가 볼 때 화재는 인간의 부주의로 일어난 것이었고 흙비는 기상 현상에 불과했다. 술을 마시지 못하게 한다는 것은 제대로 된 해결책이 아니었다. 물론 임사홍은 당대 정계의 실력자였으니 자연재해로 인해 소란스러워지는 것이 싫었기 때문에 이처럼 반응했을 수도 있다. 하지만 그의 반론에는 자연현상과 욕망을 연결하기 어렵다는 인식이 분명하다.

사림의 기준에서 이것은 큰 문제였다. 조선은 성리학의 나라가 되어야 하는데 앞 세대의 고위 관료들은 여전히 성리학 밖에서도 해답을 구하고자 했다. 마치 고려 때처럼 말이다. 그래서 이들은 보다 근본적인 성리학적 사회를 구현하는 데 힘을 쏟았다. 모델로 삼은 것은 2,000년 전 주나라 때 만들어졌다는 이상 사회다. 1400년대에 무려 2,400년을 거슬러 올라가 기원전 1000년대의 사회로 회귀하려는 유례없는 실험을 하려는 것이었다.

그렇다면 이들은 하필이면 성종과 중종 시대에 나타났을까? 조금 더 일찍, 혹은 조금 더 늦게 나타날 수는 없었을까?

성종과 중종 때 완성된 성리학 질서

조선은 성리학을 국시로 삼기는 했지만 이것은 어디까지나 고려의 정신적 근간인 불교를 대체하기 위한 도구이자 통치 이념이었다. 도덕 군주가 다스리고 유교적 소양을 갖춘 신하들이 보좌하면서 토지를 고르게 분배하고 경자유전(耕者有田)을 실현하겠다고 내걸기는 했지만, 정치적 구호와 현실에서의 적용은 다를 수밖에 없었다. 대한민국 헌법 4조가 '대한민국은 통일을 지향한다'라고 명시하고는 있지만, 국가의 모든 역량을 '통일'에 올인하지 않고 당면한 내정 문제를 해결하는 데 힘을 쏟는 것과 마찬가지다.

그래서 실제로 조선 초 지도층은 현실과 많은 타협을 했고, 고려와 조선을 나누는 문턱은 수시로 무너졌다. 과부의 재혼이 드물지 않았고, 아들과 딸이 균분 상속했다는 이야기를 많이 접했을 것이다. 성리학이 사회 전반에 엄격하게 적용되지 않는 일이 비일비재했다.

왕실도 마찬가지다. 왕위를 놓고 형이 아우를, 삼촌이 조카를 죽였고, 왕의 아들은 출가해 승려가 되었으며, 왕이나 왕비가 죽으면 불교식 의식을 치렀다. 도교적 제사를 지내는 소격서(昭格署)도 건국 후 100년 넘게 궁 안에 있었다.

또한 한양을 새 수도로 정할 때도 풍수지리를 내세웠다. 개성의 지기가 쇠했다면서 말이다. 이런 이유로 성리학자인 정도전은 천도에 찬성하지 않았다. 이성계가 재상들에게 천도 후보지를 적어서 내라고 했을 때도 "국가의 잘 다스려짐과 어지러움은 사람에게 있는 것이지, 지리의 성쇠에 있는 것이 아님을 알 수 있습니다"라며 불편한 심경을 드러냈다.

이렇듯 성리학의 나라 조선은 전기만 해도 비성리학적 질서가 여전했다. 그렇다면 왜 성종과 중종 시기에는 급격한 변화가 일어났을까?

일단 성리학의 보급이 꾸준히 진행된 점을 꼽을 수 있다. 조선의 건국 세력은 불교에 대항할 무기로서 성리학을 채택하긴 했지만 그 기반은 탄탄하지 않았다. 그래서 세종은 중국에 가는 사신들에게 성리학 서적을 구해 오도록 했고, 이황 같은 대학자도 벼슬을 하고서야 《주자대전(朱子大全)》을 접했을 정도였다.

그런데 성종이 즉위한 것은 성리학의 교육과 보급이 100년 정도 경과한 시점이었다. 비로소 모두가 성리학의 토대에서 생각하고 말하는 시대가 온 것이다. 이것은 성리학의 기반에서 나고 자란 세대의 첫 세력화가 가능해졌다는 것을 의미한다. 다른 한편으로 보자면 서로 다른 토대에서 자란 세대가 공존하는 시기가 됐다는 것도 의미한다. 사화는 여기서 비롯됐다.

이것은 현재 우리에게 전혀 낯선 풍경은 아니다. 대한민국의 산업화 세대와 민주화 세대도 비슷한 경험을 했기 때문이다. 일제 강점기-해방-6.25 전쟁을 거치면서 민주주의라는 시스템을 처음 접했던 산업화 세대와 민주공화정이라는 토대 위에서 자란 민주화 세대가 서로 다른 경험과 철학을 가진 채 공존했다.

계유정난은 사대부들에게 큰 충격

하지만 성리학의 보급만으로는 성종과 중종 시대에 사림이 급부상한 것을 설명하기 어렵다. 여기에 더해 사림이 하나의 세력으로 결집하는 중요한 계기가 있었다. 세조의 계유정난이다. 계유정난은 세종의 둘째 아들 수양대군이 어린 조카 단종을 물러나게 한 뒤 왕위를 찬탈한 사건이다. 심지어 단종에게 사약까지 내렸다.

이 사건은 주나라를 이상 국가이자 전범(典範)으로 여기는 사대부들에게 큰 충격이었다. 자연스럽게 주나라 주공(周公)과 성왕(成王)의 관계가 떠올랐을 것이다. 삼촌 주공이 끝까지 조카 성왕을 모신 후 정계에서 물러난 일 말이다. 그런데 삼촌이 어린 조카를 보좌하기는커녕 잔인하게 죽였으니 성리학적 질서에서는 도저히 용납하기 어려운 일이었다.

물론 비슷한 일이 이전에 없었던 것은 아니다. 태종 이방원은 무려 두 차례나 왕자의 난을 일으켜 골육상쟁을 벌였다. 하지만 그것은 역성혁명을 통해 조선을 막 건국한 때였다. 고려의 왕조와 질서를 파괴하는 과정에서 이미 숱한 피를 본 터였다. 힘이 곧 질서가 되는 시기였다. 고려를 강압적으로 무너뜨린 이성계의 아들들이 왕위를 놓고 서로 칼부림을 하는 것은 구경거리였지, 탄식할 일은 아니었다. 아직 뿌리도 내리지 않은 조선을 위해 눈물을 흘려줄 사대부는 없었다.

하지만 계유정난은 달랐다. 세종과 문종의 노력으로 성리학적 질서가 어느 정도 자리 잡혀가던 시기였다. 그런 가운데 모범을 보여야 할 왕가에서 힘을 믿고 군신과 가족의 도리를 한꺼번에 무너뜨렸으니 충격이 컸다. 사육신 같은 반발이 나온 이유다. 대가는 참혹했다. 단종 복위를 모의한 이들은 자신뿐 아니라 일족이 비참하게 처형됐다. 이에 충격을 받은 김시습(金時習) 같은 인사들은 아예 시골로 숨어버렸다. 이 사건은 성리학적 질서가 자리 잡아가고 있다고 생각했던 이들에게 큰 트라우마로 남았다. 현실 정치인보다는 재야와 학계 인사들의 상처가 더 컸다.

성종 대 사림의 정계 진출

계유정난을 둘러싼 일련의 과정은 전두환 정부의 12.12 사태와

5.18 광주민주화운동을 연상케 한다. 유신정부가 막을 내리고 서울의 봄을 만끽하던 상황에서 들이닥친 사태는 민주화를 바라던 지식인과 시민들에게 적지 않은 충격을 안겼다. 또한 은폐됐던 참상이 외부에 알려지면서 소위 민주화운동 세력에게는 하나의 트라우마이자 결속하는 계기가 됐다. 제2공화국의 부패와 무능 때문에 장준하 같은 지식인마저 환영 성명을 냈던 5.16 군사 쿠데타와는 상황이 전혀 달랐다.

다시 말해 민주주의를 절대적 가치로서 배우고 5.18에 분노한 민주화운동 세대처럼, 조선의 재야 세력은 계유정난에 분노하면서 땅에 떨어진 성리학적 가치를 회복시켜 조선을 바꿔야 한다는 일종의 사명감을 갖고 있었다.

이런 배경 아래 사림이 중앙 정계에 나타났다. 때마침 성종이 왕위에 오른 시기는 미묘했다. 계유정난(1453)으로부터 16년이 지난 때였다. 국왕은 2차례 바뀌었어도 계유정난에 가담한 한명회(韓明澮)와 신숙주(申叔舟) 등이 공신으로서 여전히 국정에 막대한 영향을 끼치고 있었다. 그런 상황에서 계유정난을 유년기나 청소년기에 지켜본 사대부들이 과거를 거쳐 막 조정에 들어온 것이다. 그들이 한명회와 신숙주를 어떤 눈으로 봤을지 짐작하는 건 어렵지 않다.

5.18 당시 광주에 있었던 신계륜 전 의원은 '국회 엘리베이터에서 5공 시절 안기부 출신인 정형근 전 의원을 보게 되자 자기도 모르게 주먹이 쥐어졌다'라는 인터뷰를 남긴 적이 있는데, 사림이 계유정난의 공신들을 보는 기분이 그렇지 않았을까.

　　　　　　　　　　　　1장 성리학과 사림의 탄생

춘추대의가 뼛속 깊이 새겨진 이들의 눈에 비친 공신들은 이익을 좇아 혹은 패도를 따라 절의를 버린 사람들이었다. 그렇다면 세조의 혈통을 이은 성종은 왜 계유정난에 비판적인 사림을 전격 등용했을까? 그것은 전두환·노태우 정부의 인적·물적 자산을 이어받은 김영삼 전 대통령이 민주화운동 출신 인사들을 대거 영입하며 차별화를 꾀한 것과 비교해보면 어떨까.

김영삼 대통령은 박정희 정부부터 3차례 연속 군부가 집권한 역사를 종식했다. 그런 그가 민정계와 상도동계만으로 국정 운영을 할 수는 없다고 여긴 것처럼 계유정난의 충격에서 벗어나야 했던 성종도 세조 때부터 이어진 공신 세력에만 의존하기보다는 새로운 인재군의 필요성을 절감했을 것이다. 새로운 시대를 열 수 있다는 자신감의 발로였을지도 모른다.

하지만 계유정난을 제대로 청산하지 않은 상황에서 관료가 된다는 것은 자칫 출세를 위해 명분을 저버린 행동으로 비난받을 여지도 있었다. 실제로 사림의 종주로 받들어진 김종직(金宗直)도 이 문제로 후대에 비판받기도 했다. 김영삼, 김대중을 따라 현실 정치에 들어간 운동권 세력이 현장에 남은 일부 인사들로부터 비판받았던 것과도 비슷했다.

어쨌든 이런 어정쩡한 봉합은 결국 뒤에 여러 가지 문제를 야기하게 되는데 대표적인 것이 4대 사화의 시작점이 된 무오사화(戊午士禍)다. 무오사화는 김종직이 쓴 '조의제문(弔義帝文)'이 불씨가 됐다. 그는 꿈에 초(楚)나라 회왕(懷王)이 나타나 항우(項羽)에게 살해됐다고 토로했다며 조문을 지었다. 뜬금없이 1,700년 전 중국 역사를 끄집어낸 것은 조카의 왕위를 빼앗고 죽게 한 세조를 비판하는 의도가 다분했다.

김종직이 살아 있는 동안에는 큰 논란 없이 지나갔지만 그가 죽고 난 뒤 이를 알게 된 연산군은 대로했다. 연산군은 세조의 증손자다. 세조의 왕위 찬탈을 비난하는 것은 세조의 혈통을 인정하지 않는 것으로 해석될 여지가 있었다. 김종직의 관이 뜯기고, 시신은 부관참시됐다. 인내심이 없었던 연산군의 분노가 거기서 사그라들 리 없었다. 삼사를 중심으로 포진했던 김종직의 문인들도 색출되어 죽거나 귀양을 갔다. 사림이 조선에 하나의 세력으로서 자리 잡기엔 아직 시간이 필요했다.

중종 시대에 사림의 복권

성종 때 성장했다가 연산군 때 두 차례 사화로 철퇴를 맞은 사림은 중종 때 재도약했다. 중종 때는 여러모로 사림을 둘러싼 환경이 더 좋았다.

성종은 세조를 보며 자란 손자지만 중종은 세조가 죽고 20년 후 태어났다. 계유정난에 대한 부담감이 상대적으로 덜했다. 게다가 전임자인 연산군이 무오사화와 갑자사화를 일으키고 반정으로 쫓겨난 터였다. 새로 들어선 중종 시대에선 연산군에 대한 반작용이 국정 전반에 걸쳐 전폭적으로 허용될 수밖에 없었다. 연산군 때 받은 처벌은 훈장으로 바뀌었고, 희생자였던 사림에 대한 평가와 정치적 위상도 달라졌다.

에드워드 와그너 전 하버드대 교수의 말을 인용해보자.

"연산군의 실정이 남긴 또 하나의 중요한 유산은 그의 치하에서 증오의 대상이 된 일들이 이제는 일반 백성으로부터 크게 숭앙을 받게 되었다는 사실이다. 만약 연산군이 악하다는 것이 세상 사람들이 모두 인정하는 사실이라면 그의 폭정 아래 탄압받은 사람이나 제도가 좋지 않다고 말할 수 있는 사람은 아주 과감하고 특별한 인식을 가진 극소수에 불과할 것이다. 따라서 무오·갑자사화에서 희생된 사람들이 중종반정과 함께 복권되는 것은 당연한 귀결이고, 이들을 순절한 선비로 우러러보는 기풍이 생겨났다. 그 기풍은 이들이 목숨까지 바쳐가며 지키려 했던 원리까지도 거룩한 것으로 승화시키는데 충분했다."

《조선왕조 사회의 성취와 귀속》

사림은 비록 성종 시기부터 등용됐지만 당시엔 소장파로서 공신 그룹과 원로대신들을 견제하는 역할을 했을 뿐, 정계를 좌지우지할 만한 영향력을 갖지는 못했다. 하지만 중종의 시대에는 더 많은 역할을 부여받을 수 있었다. 사화 때 대거 숙청된 김종직의 문도를 비롯한 사림들 역시 '잃어버린 12년(연산군 재위 기간)'을 되돌리고 일시 멈춘 도학적 사회 건설을 재추진하겠다는 의욕이 충만했다.

그런데 대변혁을 도모하는 데 고만고만한 인사들이 모여서는 힘을 발휘할 수가 없다. 민주화 세력에 김영삼, 김대중이 필요했듯이, 또 586 세력에 노무현, 문재인이 필요했듯이 세력을 결집하고 키우려면 스타가 필요했다. 조광조는 그렇게 선택됐다. 어쩌면 중종의 시대가 요청한 아이콘이었는지도 모르겠다.

사림의 총아 조광조의 등장

조광조는 일찌감치 주목을 받은 사림계의 기대주였다. 28세에 진사 시험에 합격해 성균관에 입학할 때부터 학문 수준이 높다는 평이 자자했고, 무엇보다 '족보'도 확실했다.

조광조를 가르친 김굉필은 무오사화의 시발점이 된 김종직의 제자였다. 사림의 종주인 김종직의 계보를 이었다는 것은 큰 자산이었다. 조광조는 과거(대과)에 급제하기도 전에 이조판서 안당(安瑭)의 추천으로 종6품인 조지서(造紙署)의 사지(司紙)로 임명됐고, 대과에 합격한 뒤엔 엘리트 코스를 걸었다. 청요직으로 꼽히는 사간원 정언(종6품)을 시작으로 3년 만에 지금의 검찰총장 겸 청와대 민정수석의 역할을 합친 격인 사헌부 대사헌(종2품)까지 초고속 승진을 거듭했다.

중종도 조광조를 전폭적으로 신뢰했다. "조광조가 말하자 임금은 얼굴빛을 가다듬으며 들었고, 서로 진정으로 간절히 논설해 날이 저무는 줄도 모르다가 환관이 촛불을 들고 가자 그제야 그만두었다"(《중종실록》 14년 7월 21일)라고 했을 정도로 둘의 사이는 긴밀했다.

훗날 기묘사화가 벌어져 조광조 세력이 숙청됐을 때 영의정 정광필이 "저 사람들은 임금께서 다 뽑아서 현직과 요직의 반열에 두고 말을 다 들어주셨는데 하루아침에 죄 주면 함정에 빠뜨리는 것과 비슷합니다"라고 지적한 것도 무리는 아니었다.

그렇다면 중종은 조광조와 기묘사림을 왜 그토록 애지중지했을까? 중종은 원래 왕위를 이을 후보로 기대받은 적이 없었고, 반정 세력에 의해 어느 날 갑자기 옹립됐을 뿐이었다. 그래서 태종과 세조와 달리 자기 세력을 만들 기회가 없었다. 태종과 세조가 공신 그룹을 휘어잡고 비서처럼 부렸다면, 중종은 반정 세력의 눈치를 보는 처지였다. 원치 않게 부인과 이별해야 했던 것이 단적인 예다. 반정 공신들은 중종이 왕에 오르기 전 혼인한 부인이 연산군의 처남 신수근(愼守勤)의 딸이라는 점을 들어 왕비를 다시 세워야 한다고 요구했고, 반정 과정에 지분이 없었던 중종은 받아들일 수밖에 없었다.

아무튼 사림은 이런 조광조를 중심으로 결집했고 훗날 기묘사화로 숙청되기에 이들을 '기묘사림' 또는 '기묘인'이라고 부르게 된다. 이들은 중종의 비호 아래 4년이라는 짧은 시간 동안 현량과(賢良科) 실시, 소격서 폐지, 공신 명단 축소 등 간단치 않은 정책들을 전격적으로 추진했다.

기묘사림은 조선의 0.1% 특권층

이쯤에서 기묘사림의 출신 배경을 살펴보는 것도 당시 상황을 이해하는 데 도움이 된다.

이미 언급했듯이 그동안 교과서에서는 사림파를 조선 건국에 반대했던 지방의 중소 지주 계급으로 설명해왔다. 이것은 사림이 추진한 정책에 정당성을 부여하기 위해서, 사림에 맞선 이들을 '훈구'라는 기득권(한양+대지주) 세력으로 묶어 대비하다 보니 만들어낸 '허상'에 가깝다.

즉 선한 세력과 악한 세력의 선명한 대결 구도로 보여주려는 이분법 설정이다. 선조 때 정권을 장악한 사림이 이를 수백 년간 반복 학습시키다 보니 이런 이분법적 구도를 깨기란 쉽지 않다. 어쨌든 사실과는 거리가 있다는 것만은 분명하다.

기묘사림의 출신 성분은 이미 1960년대 에드워드 와그너 교수의 선구적 분석 이래 2000년대 이후 여러 후속 연구가 진행됐다. 그에 따르면 기묘사림은 지방에 은거한 중소 지주와는 거리가 멀다.

기묘사화의 첫 희생자 그룹 8명 중 조광조를 포함해 김식, 윤자임, 박훈, 기준 등 6명은 한양 출신이다. 특히 조광조는 유서 깊은 조선 건국 공신 집안 출신으로 한양 토박이다. 나머지도 별반 다르지 않았다. 박훈은 4대가 전부, 기준은 아버지와 친형과 숙부가, 윤자임은 부친이 문과에 급제했다. 이들은 한양에서도 매우 잘나가는 집안의 자제들이었다.

6명을 제외한 나머지 2명은 전라도 출신인데 김구는 조부, 증조부, 고조부가 모두 문과에 급제한 쟁쟁한 집안이었다. 지방에서 상당한 권력을 누리는 상류층 집안이었음이 분명하다.

그러니까 이들은 우리가 흔히 상상하는 지방의 중소 지주 계급 출신으로 기득권층에 대항하는 청빈한 선비와는 전혀 달랐다. 조선에서도 상위 1%, 아니 0.1% 안에도 들어갈 특권층이었다.

사림의 종장으로 불린 김종직의 문인들도 마찬가지다. 한 조사에 따르면 김종직의 문인 약 60명의 출신 배경을 조사했더니 한양과 경상도가 46.6%를 차지했다. 출신 가문도 중앙 관료를 배출했거나 공신이 있는 가문이 다수였다. 이들은 훈구파의 핵심 세력과도 혈연관계를 맺고 있었다.

그러니까 사림의 원조라고 할 만한 김종직의 문인 그룹은 중앙의 집권 세력과 같은 배경을 갖고 있었으며, 이들과 갈등을 빚었다는 설명은 만들어진 역사에 가깝다. 그것은 사림파의 대표적 인물의 한 사람인 김정국(金正國)이 작성한 '기묘당적' 등에서 고스란히 나타난다.

여기엔 기묘사림 90여 명이 기록됐는데, 이들의 가계를 조사해보니 70%가 서울 거주자였고, 그들이 적폐라고 부른 공신 또는 김안로(金安老) 같은 유력한 거물들과 혈연, 지연, 학연 등 복잡하게 얽혀 있었다.

'현량과'를 설치한 조광조의 목적

그렇다면 조광조와 기묘사림이 기존 과거제로는 찾을 수 없는 인재를 구한다며 강행한 현량과의 '인재'들은 어땠을까? 현량과 합격자 28명 중 19명이 한양 거주자였고, 특히 상위 16명 중 15명이 여기에 포함됐다. '지방에 은거한 인재를 찾아낸다'라는 기묘사림의 주장이 무색할 정도의 한양 싹쓸이였다. 이것은 그들이 그토록 비판하던 과거제보다 훨씬 더한 한양 집중화였다.

또 이 중에서 12명은 부, 조부, 증조부 중에서 2명 이상이 문과에 급제한 것으로 확인됐다. 조선의 문과 시험은 얼마 전까지 있었던 고시나 다름없었는데(실제로는 고시 합격보다 어려웠다), 그렇게 본다면 이들의 집안이 얼마나 대단했는지 알 수 있다.

이 12명에 포함되지 않은 사람들도 고조부가 좌의정이거나 장인이 세종의 손자이거나 했으니까 평범한 집안, 그러니까 '가재, 붕어, 개구리'들과는 차원이 다른 집안 출신이다.

에드워드 와그너 교수의 평이다.

"요컨대 현량과 출신은 그 대부분이 한양에 확고한 기반을 가진 양반 가문 출신이거나 그러한 가문들과 밀접한 관계를 맺고 있는 집안 출신이다. 말하자면 당시의 지배층을 대표하는 사람들인 것이다."

기존 인재 등용 방식을 전면 부정한 현량과는 기묘사림이 가장 심혈을 기울여 추진한 정책이었고, 그들이 거둔 가장 찬란한 정치적 성과였다. 그런 만큼 현량과의 '배신'은 큰 대가를 치를 수밖에 없었다.

사림이 장악해야 할 거점으로 삼은 것은 삼사였다. 전도유망한 소장파 관료들은 반드시 거치는 코스로 통했다. 성리학적 기풍을 진작하고 새로운 정치를 열고자 했던 성종은 삼사를 적극 후원했고, 사림은 삼사를 통해 세력을 크게 확대했다.

삼사는 정치 발전을 위해 중요한 곳이었지만 긍정적 측면만 있었던 것은 아니다. 사헌부는 현재의 검찰과 감사원, 홍문관은 학술, 사간원은 언론의 기능을 맡고 있었다. 그래서 이들 기관은 여론 흐름에 큰 영향을 끼칠 수밖에 없었고, 특정 세력이 이곳을 장악할 경우엔 여론을 독점하고 악용할 위험도 있었다.

따라서 이곳을 장악한 기묘사림은 전략적으로 유용한 고지를 차지한 셈이었다. 이들은 비판과 간쟁의 기능을 가진 삼사를 통해, 자신들의 의견에 동조하지 않거나 반대하는 사람들을 배척하고 세력을 확장할 수 있었다.

그런 만큼 사림이 공론을 장악하고 권력을 유지하기 위해서는 삼사를 확실하게 잡아야 했다. 그러기 위해선 '우리 편'을 계속해서 충원할 수 있는 제도적 뒷받침이 필요했다. 조광조 세력이 현량과를 추진한 것은 이런 목적과 관련이 있었다. 중종 13년 3월, 그들은 움직이기 시작했다.

"문장만으로는 좋은 인재를 구할 수 없습니다. 학문이 풍부하고 덕이 있는 사람을 추천받으면 대현인이라도 얻을 수 있을 것입니다. 지방에 서는 감사와 수령, 한양에선 홍문관과 육경(六卿) 및 대간이 임용할 만한 사람을 천거하면 인물을 많이 얻을 수 있을 것입니다."

《중종실록》 13년 3월 11일

    과거제는 좋은 인재를 뽑는 데 한계가 있으니 추천제로 보완하자 는 것이었다. 천거를 받아 후보자를 모은 후 특별한 형태의 시험을 보게 해 합격자들에겐 정상적인 과거 합격자와 동일한 권리를 부 여한다는 내용이다. "중국 한(漢)나라 때 실시한 적이 있다"라는 근 거도 들었다.

    흥미로운 것은 홍문관·사헌부·사간원의 천거를 구체적으로 언 급한 것이다. 이들 기관에서 독자적으로 관리를 천거할 수 있으니 기묘사림의 대물림이 이어질 것은 불을 보듯 뻔했다.

    물론 여기엔 도학 정치를 구현하려는 기묘사림의 정치철학적 의 지도 작용했다. 이들은 과거 시험에서 당락을 좌우하는 사장학(詞 章學)을 천시했다. 사장(詞章)은 문자 그대로 해석하면 시, 소설, 수 필 등 문학을 가리킨다. 쉽게 말해 문장력이다. 문장을 하려면 상 상력도 필요하고 삶에 대한 다양한 관심이 요구된다. 앞서 말했듯 이 조선 전기의 성리학은 통치의 도구였기 때문에 사장학도 존중 했고, 그 외 풍수나 의학, 수학 같은 실용 학문도 존중해 과거제에 도 적극 반영했다.

              1장 성리학과 사림의 탄생

'현량과'를 둘러싼 훈구와 사림의 대립

사림파는 이것이 불만이었다. 그들은 경전 해석을 통해 우주와 인간 심성의 본질에 관심을 뒀다. 이를 경학(經學)이라고 하기 때문에 사림파를 '경학파'라고도 부른다. 사림파의 기준에선 과거제로 들어온 인사들은 그저 문장을 다루는 기술만 뛰어날 뿐이었지, 참된 인재가 아니었다. 그래서 이들은 과거제로 들어온 사람들은 사장을 하기 때문에 천박하고 경박한 경향이 있다고 폄하했다.

> "조광조 등이 이학(理學)을 귀하게 여기고 사장을 천하게 여겨 매번 경연에서 '임금은 시를 지어서는 안 되고 신하에게 지어 바치게 해서도 안 됩니다'라고 하였다."
>
> 《중종실록》 12년 9월 9일

> "연소한 무리들이 《소학》의 도리를 말하며, 행동거지도 법도에 맞게 하려고 힘쓰고 농지거리도 하지 않았다. (…) 문예(文藝)의 학문은 일삼지 않아서 문장과 학술은 성종조보다 훨씬 쇠퇴하였다."
>
> 《중종실록》 13년 8월 21일

제아무리 기묘사림이 승승장구한다고 해도 100여 년간 지속된 과거제의 근간을 뒤흔든다는 것은 매우 급진적인 발상이었다. 당연히 반발이 나왔다.

중심인물은 이조판서와 좌의정을 역임한, 그리고 훗날 조광조를 모함한 간신으로 악명을 쓰게 되는 남곤이었다. 남곤은 "우리나라는 사대뿐만 아니라 교린에서도 사화(詞華)가 중요하므로 권면하고 권장하지 않을 수 없습니다"라고 반박했다. 조선은 외교가 중요한 나라이고, 이를 위해서라도 문장을 다루는 능력을 천시해서는 안 된다는 이야기다. 실용적 관점에서 접근하고 있음을 알 수 있다. 남곤은 몇 달 뒤에도 이 문제를 다시 거론했다.

> "근래 과거를 위한 공부를 폐기해야 할 학문이라고 하여 정학(正學)을 해친다고 말하고 있습니다. (…) 그러나 송나라의 주자(朱子)와 정자(程子)도 모두 과거를 거쳐서 나온 사람입니다. 또 사장을 하는 자라고 어찌 모두가 부박(浮薄)하며, 경학을 하는 자라고 어떻게 전혀 그렇지 않다고 하겠습니까? 사장과 경술(經術)은 똑같이 중시해야 마땅하며 치우치게 폐지해서는 안 됩니다." 《중종실록》 12년 8월 30일

중신들의 반발이 나오자 조광조 세력은 수정안을 제시했다. ① 추천을 받고 ② 특별한 테스트를 벌여 문과 급제자와 동일한 권리를 부여하자는 것이었다. 100% 추천제에서 한발 뒤로 물러난 절충이었다. 그럼에도 우려는 사그라들지 않았다. 무엇보다도 과정과 결과의 불공정 가능성이 지적됐다. 영의정 정광필은 현량과가 과거 제도를 해치게 될 것이고 후보자 추천에도 불공정성이 발생할 소지가 있어 거센 반발이 일어날 것이라고 우려했다. 남곤도 과거 한 나라에서 이 제도를 실시했을 때 "천거된 사람들은 천거한 사람과

인연이 있는 사람들이었고, 정작 재주가 있던 사람들이 누락됐다"
라고 거들었다(《중종실록》 13년 3월 12 · 13일).

하지만 중종은 이번에도 조광조의 손을 들어줬고 1519년 봄 현
량과가 실시됐다. 응시자 120명 중 28명이 선발됐고, 문과 급제자
와 동일한 홍패(紅牌, 급제 증서)가 수여됐다.

뜻이 같으면 천거, 뜻이 다르면 배척

현량과에 대해 세간에서 지적했던 불공정 우려는 현실로 드러
났다.

28명의 합격자 명단에는 안당의 세 아들이 있었다. 안당은 조광
조와 특수 관계였다. 그는 이조판서 시절 성균관 학생이던 조광조
를 천거해 시험도 안 보고 종6품에 올려준 적이 있다. 그 덕분인지
안당은 일부의 반대에도 불구하고 기묘사림의 지원을 받아 우의정
에 올랐다. 그런 안당의 아들 세 명이 모두 합격했다는 것은 파장
이 클 수밖에 없었다. 당시의 여론은 사관의 평에서도 찾아볼 수
있다.

> "안당의 세 아들이 일시에 급제하였으므로, 임금이 술과 고기를 많이
> 하사하여 하례했다. 사람들은 모두 이를 영광으로 여겼으나 식자(識者)
> 들은 이것이 안씨의 복이 아니라는 것을 알았다. 한형윤이 말하기를 '이

것이 참으로 급제한 것이라면 매우 좋겠지만…' 하였으니, 이번 천거

과(薦擧科)가 공도(公道)로 한 것이 아니라고 여긴 것이다."

《중종실록》 14년 8월 30일

사관의 평은 예언이 됐다. 훗날 안당은 기묘사림과 한패라는 이유로 처형됐다. 현량과에서 장원을 차지한 김식도 조광조와 절친한 오랜 친구였다. 그는 한 달 만에 홍문관의 부제학(정3품)이라는 고위직에 올랐다. 이 외에 현량과에 합격한 28명 중 절반이 당시 청요직이라 불린 대간이나 홍문관에 배치됐다.

그러니 훗날 "저희에게 붙는 자는 천거하고 저희와 뜻이 다른 자는 배척하여, 세력을 만들어 서로 의지하여 권력이 있는 요직을 차지하고, 위를 속이고 사사로운 감정을 행사하되 꺼리지 않았다"라는 말이 나오지 않을 수가 없었다. 지방의 인재를 뽑는다던 명분과도 전혀 맞지 않았다.

중종 대의 현량과 파동은 현대의 대한민국에서도 결코 남의 얘기처럼 들리지만은 않는다. 사법시험이 사라지고 로스쿨이 들어섰을 때, '신분 이동의 사다리'가 사라지고 돈 많고 힘 있는 집안의 자제들이 이득을 볼 것이라는 우려가 많았다. 실제로 이후 그런 집안의 자제들이 유명 로펌에 들어간다는 기사가 나왔다. 얼마 전 '뜨거운 감자'였던 공공의대는 또 어떠한가. 지자체장이나 시민단체의 추천을 받아 입학시킨다는 방침은 공정성 우려를 낳고 있다.

'참인재'를 구하기 위해서라는 포장은 그럴듯하지만 특권층을 대

물림하기 위한 도구였던 현량과는 기묘사림의 개혁에 대한 진정성을 의심받게 했고 결국 몰락의 전주곡이 됐다.

하지만 기묘사화는 사림을 일정 기간 위축시키긴 했어도 완전히 축출하지는 못했다. 한 번의 실패로 무너지기엔 그들이 수십 년간 밑바닥에서 다진 기반이 너무나 단단했기 때문이다. 즉, 비록 기묘사림이 설익은 정책들을 내놓으며 외면받기는 했지만 여론은 사림이 추구하는 가치를 지지하고 있었다. 그래서 결국 사림은 크나큰 역사적 승리를 차지할 수 있었던 것이다. 그것을 가능하게 해준 첫 번째 '과업'은 계보 만들기였다.

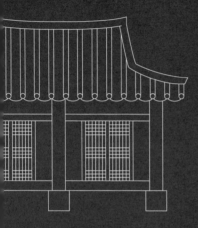

"아, 조광조의 학문이 바른 것은 전해온 데에 유래가 있습니다. 그는
젊어서부터 도를 찾고자 하는 뜻이 있어서 김굉필에게서 수업하였습니다.
김굉필은 김종직에게서 수업하고, 김종직의 학문은 그 아비 사예
김숙자에게서 전해졌고, 숙자의 학문은 고려의 신하 길재에게서 전해졌고,
길재의 학문은 정몽주에게서 전해졌는데 정몽주의 학문은 실로 우리 동방의
시조이니, 그 학문의 연원이 이러합니다."

《인종실록》 1년 3월 13일

2장

도덕주의
사림의 계보학

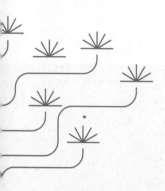

실력보다 족보가 더 중요하다!

"우리 역사의 지형을 보면 정조 대왕이 1800년에 돌아가십니다. 그 이후로 220년 동안 개혁 세력이 집권한 적이 없어요. 조선 말기는 수구 쇄국 세력이 집권했고, 일제 강점기 거쳤지, 분단됐지, 4.19는 바로 뒤집어졌지, 군사독재 했지, 김대중 노무현 10년 빼면 210년을 전부 수구 보수 세력이 집권한 역사입니다."

2020년 이해찬 전 더불어민주당 대표가 한 인터뷰에서 했던 발언이다. 정조 이후 약 200년 동안 수구 보수 세력이 집권했고, 그 끊어진 개혁 세력의 맥을 김대중-노무현 정부가 이을 수 있었다는 것이다.

이 말을 처음 들었을 때는 무슨 말인가 싶었다. 조선의 국왕과 대한민국의 대통령을 하나의 계보라고 묶어서 설명하다니 말이다.

다시 보니 이 전 대표는 문재인 정부를 시작으로 민주당이 최소 20년을 집권해야 한다는 말을 하고 싶었던 것 같다.

한 정당의 대표가 20년이든 100년이든 장기 집권 의지를 내보이는 것은 이상할 것도, 비난할 것도 아니다. 다만 200년 전 조선 왕조의 군주를 끌어들여 '정조-김대중-노무현(-문재인)'이라는 이른바 개혁의 계보를 만든 것은 참 난감하기 짝이 없는 접붙이기였다. 군주제의 지도자를 끌어와 민주공화정의 지도자와 같은 계보라고 내세우다니, 세계 어디서도 보기 어려운 억지스러운 시도였다. 예를 들어 프랑스 마크롱 대통령 측이 루이 14세나 나폴레옹을 자신들의 뿌리로 내세우며 집권의 정당성을 주장한다고 쳐보자. 얼마나 웃음거리가 되겠나.

나는 이것이 이해찬 전 대표만의 공상인가 했더니 그것도 아니었다. 고민정 민주당 의원은 2020년 12월 공수처 설치 법안이 통과된 후 자신의 페이스북에 '과거 기득권 세력이던 노론은 개혁 군주 정조의 모든 개혁 법안에 대해 끊임없이 저항했다'라며 '하지만 정조는 백성들을 위한 개혁을 멈추지 않았다'라고 썼다. 문재인 대통령은 정조, 이를 반대하는 야당은 노론이라는 것이다. 더 찾아보니 문재인 대통령도 19대 대선 마지막 TV 연설에서 "만약 대통령이 된다면 정조의 개혁 정책을 계승하겠다"라고 말했다. 조선 사림들은 기원전 10세기 주나라를 복원하겠다고 하더니, 이들은 18세기 조선에 꽂힌 모양이다.

그러고 보면 586과 민주당은 족보나 계보에 관심이 많은 듯하다.

실력보다 족보가 더 중요하다고 생각하는 것은 아닐까? 그런 의문을 몇 번 품은 적이 있다. 그런 예가 너무나 많은데, 얼마 전에도 서울 시장 보궐선거 경선에 나온 우상호 의원은 자신에 대해 "민주와 진보의 역사성을 계승한 가장 정통성 있는 후보"라고 비교우위를 내세우는가 하면, 또 황희석 열린민주당 최고위원은 조국 전 장관을 남명 조식(曺植)의 후손이라고 소개하기도 했다. (남명 조식의 종친회 측에서는 이를 반박했다.) 여권에서 김경수 경남 지사를 차기 대선 후보군으로 선호하는 것도 '적통'이라는 이유다. 심지어 송영길 민주당 의원은 유엔군에게도 '족보'를 물으며 자격을 따진 적도 있다. "주한 유엔군사령부라는 건 족보가 없다고 그러지 않느냐. 이것이 우리 남북관계에 대해서 간섭하지 못하도록 통제해야 한다."(2020년 8월 20일 연통TV 인터뷰) 한때 사회 일각에서 권위 타파를 외치던 이들이 내세우는 철학치고는 빈곤하다는 생각이 든다.

보수 세력도 '적통' 논란이 없던 것은 아니다. 하지만 선거 같은 주요 정치적 행사 때만 되면 노무현 전 대통령의 묘소를 참배하며 '적통', '적자'를 강조하는 퍼포먼스를 벌이는 것을 보면 586 세력의 족보 집착은 타의 추종을 불허한다. 마치 조선 시대 사림들이 누가 주자의 가르침을 바르게 계승했는지를 두고 경쟁했듯이 이들에겐 누가 김대중 노무현 정신을 올바르게 이해하고 계승하느냐가 가장 중요한 경쟁력처럼 보인다. 선거 홍보 자료엔 이 적통 계보를 구성하는 김대중, 노무현, 문재인 대통령과 찍은 사진을 붙여두느라 여념이 없다.

자신들이 배출한 정부에 대해서도 마찬가지다. 민주정부 1기(김대중), 2기(노무현), 3기(문재인)라는 명칭을 붙인다. 민주공화정에서 저런 계보를 만드는 사례가 또 있을까? 무늬만 민주공화정인 북한에서 '백두 혈통'을 강조하는 것만 제외한다면 말이다.

예를 들어 미국 공화당이 선거에서 링컨-아이젠하워-레이건이라는 '세트 메뉴'를 팔던가? 혹은 민주당이 루스벨트-케네디-클린턴-오바마라는 계보를 홍보하던가? 아마도 미국뿐 아니라 영국, 독일, 일본 등 어느 자유민주주의 국가에서도 이런 경우를 본 적이 없을 것이다. 오바마는 오바마고, 트럼프는 트럼프다. 누구도 선대의 대통령을 앞세우면서 적통이라거나 계승자라는 것을 앞세우지 않는다.

왜냐하면 제대로 된 자유민주주의 국가에서는 시민이 주인이지, 특정 정치 세력이 주인이 되는 '주객전도'의 개념이 자리 잡을 리가 없기 때문이다. 그러니까 진중권 전 동양대 교수의 말대로 '정치인들이 국민을 지키는 게 아니라 '국민이 우리 지도자를 지켜줘야 한다'라는 역전 현상이 일어나는 것'이다. 아마도 '조국 일가 비리 수사'라는 변수만 없었다면 진 전 교수의 표현처럼 '노무현-문재인-조국'으로 이어지는 진보신통기의 '적통'이라는 개념도 완성할 수 있었으리라.

그런데 역사를 찾아보니 '정조-김대중-노무현'처럼 시공간을 뛰어넘어 하나의 계보로 만드는 시도가 없었던 건 아니다. 과거에도 있었다. 누구냐고? 누구겠는가. 조선의 유학자들이었다.

'정몽주-길재-김숙자-김종직-김굉필-조광조'

"아, 조광조의 학문이 바른 것은 전해온 데에 유래가 있습니다. 그는 젊어서부터 도를 찾고자 하는 뜻이 있어서 김굉필에게서 수업하였습니다. 김굉필은 김종직에게서 수업하고, 김종직의 학문은 그 아비 사예(司藝) 김숙자에게서 전해졌고, 숙자의 학문은 고려의 신하 길재(吉再)에게서 전해졌고, 길재의 학문은 정몽주(鄭夢周)에게서 전해졌는데 정몽주의 학문은 실로 우리 동방의 시조이니, 그 학문의 연원이 이러합니다."

《인종실록》 1년 3월 13일

인종 1년(1545) 3월 13일, 성균관 유생 박근(朴謹)이 올린 상소 중 일부다. 마치 〈마태복음〉의 첫 부분을 보는 듯하지 않은가.

"아브라함과 다윗의 자손 예수 그리스도의 계보라. 아브라함이 이삭을 낳고 이삭은 야곱을 낳고 야곱은 유다와 그의 형제들을 낳고, 유다는 다말에게서 베레스와 세라를 낳고 베레스는 헤스론을 낳고 헤스론은 람을 낳고, 람은 아미나답을 낳고… 오벳은 이새를 낳고, 이새는 다윗을 낳으니라. 다윗은 우리야의 아내에게서 솔로몬을 낳고, 솔로몬은 르호보암을 낳고 르호보암은 아비야를 낳고… 맛단은 야곱을 낳고, 야곱은 마리아의 남편 요셉을 낳았으니 마리아에게서 그리스도라 칭하는 예수가 나시니라."

〈마태복음〉에서 족보를 줄줄이 이어간 데는 이유가 있다. 이스라엘의 가장 위대한 왕인 다윗의 혈통을 통해 나사렛 예수의 정통성을 인정받고자 한 것이다. 다윗의 후손이라는 것은 이스라엘에서 큰 상징적 자산이 되기 때문이다.

마찬가지로 위에서 박근이 조선 성리학의 계보를 줄줄이 읊은 것도 같은 이유다. 조광조의 정통성을 만들어 권위를 부여해주기 위해서다.

'정몽주-길재-김숙자-김종직-김굉필-조광조'로 이어지는 계보는 훗날 정여창, 이언적(李彦迪)과 이황 등이 추가되면서 조선 성리학의 정통 계보로 자리 잡는다. 이를 성리학에서는 '도통(道統)'이라고 한다. 도통에 속하지 않는다면 그 학문은 순정성을 인정받을 수 없는데, '학계(學界)=정계(政界)'였던 조선에서는 이를 놓고 극심한 진통과 힘겨루기가 수반될 수밖에 없었다.

성리학 계보를 집대성한 주희

유학에서 계보의 개념을 연 것은 맹자다.

"요·순으로부터 탕에 이르기까지 500여 년이 지났는데, 우와 고요(皐陶)는 (요·순의 도를) 직접 보고서 알았고, 탕은 듣고서 알았다. 탕으로부터 문왕에 이르기까지 500여 년이 지났는데, 이윤(伊尹)과 내주(萊朱)는 직접 보고서 알았고, 문왕은 듣고서 알았다. 문왕으로부터 공자에 이르기까지 500여 년이 지났는데, 태공망(太公望)과 산의생(散宜生)은 직접 보고서 알았고, 공자는 듣고서 알았다." 《맹자》, 〈진심하(盡心下)〉

　맹자는 진리의 계보가 전설적 군주인 요·순·우·탕에서 시작해 주나라 문왕을 거쳐 공자로 이어진다고 정의했다. 그가 이렇게 계보를 만든 것은 당시 유가(儒家)와 치열하게 경쟁 중이던 도가(道家)와 묵가(墨家)와의 비교우위를 내세우기 위해서였다. 지금이야 도가와 묵가가 쇠락해 경쟁 상대가 될 수도 없지만 당시만 해도 이들은 유가를 위협할 정도로 세력을 떨쳤다. 그래서 맹자는 전설적 지도자인 요·순에서 이어지는 순정의 계보를 만들어 자신들이 우월하다고 인정받고자 한 것이다.

　이 아이디어는 당나라 유학자 한유(韓愈)가 이어받았다.

　"요는 순에게, 순은 우에게, 우는 탕에게 전했고, 문왕·무왕(武王)·주공에게 전해졌다. (…) 문왕·무왕·주공은 공자에게 전했고, 공자는 맹자에게 전했다. (그러나) 맹자가 죽은 뒤에는 (그 도가) 전해지지 못했다."

《한창려전집(韓昌黎全集)》

　한유도 도(道)는 요-순-우-탕을 거쳐 주나라 문왕과 주공으로 이어졌고, 공자와 맹자가 계승했는데 맹자가 죽은 뒤 단절됐다고 한다. 이런 말을 하는 속내는 결국 본인(한유)과 같은 훌륭한 사람만이 도를 되살려 이어나갈 수 있다는 이야기를 하고 싶은 것이다. 결국 자신을 추켜세우기 위한 계보 만들기다.

그런데 이상하지 않은가. 요순시대는 주나라 때부터도 1,000년 이상 떨어진 시기다. 문왕과 공자의 시대도 수백 년이 차이 나고 정치사회 시스템도 달랐다. 하지만 이들에게 그것은 문제가 되지 않는다. 왜? 이 계보를 통해 자신의 정통성을 만들어야 하기 때문이다. 하지만 이때만 해도 계보는 학문의 우위를 선점하기 위한 무기일 뿐이었다.

계보학을 한 차원 발전시킨 것은 성리학자들이 존숭하는 남송의 주희(朱熹)다. 송나라 때 유학자들은 자신들의 학문(성리학)만이 이단과 구분되고 진리(道)에 충실한 학문이란 의미에서 도학(道學)으로 지칭했는데 주희는 한발 더 나아가 '도통'이라는 단어를 만들었다. 그러면서 요·순·우·탕에서 주나라 문왕을 거쳐 공자로 이어진 도통이 북송 시대의 정호(程顥)·정이(程頤)를 통해 자신에게 이어졌다고 주장했다. (그리고 보면 자신만 옳고 정통성이 있다고 주장하는 것은 586 정치인과 성리학자들의 공통점 같기도 하다.)

주희가 만든 도통은 이단과 구분되는 정통 라인이며, 이 계보에서 벗어나는 것은 배격하도록 했다. 이어 성리학을 계승 발달시킨 원나라 학자들은 소옹(邵雍), 주돈이(周敦頤), 장재(張載), 정호, 정이 등 북송 시대 5명의 학자와 주희 및 그 문인들의 전기를 《도학전(道學傳)》이라는 책에 수록했다. 이것으로써 도학과 도통이 국가 권력 차원에서 공인받게 됐다. 그리고 원나라로 유학갔던 고려의 유학자들은 이 개념을 그대로 들여왔다. '학문=정치'였던 조선 사회에서 붕당이 그토록 치열하게 싸우고 피를 봐야 했던 뿌리는 여기에 있다.

조선 최초 도통에 거론된 권근

문묘(文廟) 종사는 공자의 위패를 모시고 제향(祭享)하는 문묘에 후대의 유현(儒賢)을 함께 모시고 배향(配享)하는 것을 가리킨다. 유학자가 문묘에 배향되면 사대부들이 따라야 할 표상이 되어 많은 존경을 받았고, 그를 따르던 제자들도 덩달아 위상이 올라가게 됐다. 즉, 문묘 종사는 조선에서 가장 중요한 정치적 이벤트였다.

왜냐하면 조선은 세계사적으로 드물게 국가 권력과 지식 권력이 하나가 된 나라였다. 중국과 일본에서는 지식 권력이 정치권력과 구분됐고, 황제와 천황(또는 쇼군)의 권위에 도전하거나 정통성에 이의를 제기할 수 없었다. 이것은 주로 무인의 몫이었다. 하지만 조선은 무인이 철저히 배제되고 선비들이 성리학적 이념에 따라 다스리는 국가였다. 따라서 도통으로 인정받아 문묘에 종사된다는 것은 중국이나 고려보다 정치적이고 권력 투쟁의 성격을 띨 수밖에 없었다.

조선에서 도통에 대해 처음 논의가 진행된 것은 제1·2차 왕자의 난이 끝나고 국가의 기틀이 어느 정도 잡혀가던 태종 때다. 고려에서 선정된 설총(薛聰), 최치원(崔致遠), 안향(安珦) 외에 새로운 배향자가 필요하다는 논의가 나왔지만 구체적으로 진행되진 않았다. 그러다가 세종의 시대가 되자 본격적으로 논의가 시작됐다.

"가만히 보옵건대 역대 이래로 무릇 사문(斯文)에 공로가 있는 자는 거의 다 문묘에 배향하게 되었사온데, 우리나라 문충공(文忠公) 권근(權近)으로 말하면 순수한 자질로서 성리학을 연구하여 《입학도설(入學圖說)》을 지어 후학에게 도에 들어가는 길을 열어주었고, 《천견록(淺見錄)》을 지어 옛 학자가 다 알아내지 못한 깊은 이치를 발견하였으니, 지나간 성현을 계승하여 오는 길을 열어준 것이 막대하옵고 (…) 우리나라 문장의 선비로서 학문하는 태도나 마음 가지는 태도가 모두 정대하며 도덕과 문장이 다 같이 온전하여 크게 사문에 공로가 있는 이는 오직 문충공 한 분뿐이온데, 배향의 열에 오르지 못하였으니, 이 어찌 성명하신 시대의 훌륭한 법도에 위배되는 바가 아니겠습니까. 엎드려 바라옵건대, 특별히 예관에게 명하시어 문충공 근을 문묘에 배향하도록 하시어 유종(儒宗)을 숭배하고 장려하게 하시어, 성명하신 이때 문교를 숭상하는 일임을 널리 알게 하소서."   《세종실록》 1년 8월 6일

세종 1년 사간원 대부 정수홍(鄭守弘)이 올린 상소다. 이처럼 조선에서 최초로 도통에 거론된 것은 권근이다. 위에서 언급한 도통 '정몽주-길재-김숙자-김종직-김굉필-조광조'에는 없는 이름이다. 그뿐만 아니라 성리학을 공부한 사람이 아니라면 귀에 익지도

않은 이름이다.

조선 성리학의 기틀을 다진 권근

그런데 권근의 문묘 배향 요구는 이때만이 아니었다. 세종 15년
에도 성균관 사예 김반(金泮)이, 3년 뒤인 세종 18년엔 성균관 생원
김일자(金日孜)가 이제현(李齊賢)−이색(李穡)−권근으로 이어지는 도
통론을 제기하면서 문묘 배향을 요청했다.

이어 세조 2년엔 집현전 직제학 양성지(梁誠之)가 쌍기(雙冀), 최충
(崔沖), 이제현, 정몽주, 권근을 문묘에 배향하자고 건의했다. 조선
의 인물로는 권근이 빠지지 않고 들어갔다. 이렇듯 조선 초기 권근
의 명성은 대단했다. 그도 그럴 것이 조선 초기 성리학의 발달은
권근을 빼놓고는 설명하기가 어려운 측면이 있다.

흔히 정도전을 떠올리기 쉽지만, 그는 제1차 왕자의 난에 얽혀
건국한 지 겨우 6년 만에 역사의 무대에서 퇴장했다. 조선 초 성리
학의 보급과 교육을 이끈 것은 권근이었다.

권근은 고려 후기 《사서집주(四書集注)》를 간행해 성리학 보급에
기여한 권보(權溥)의 증손자로서 정도전과 함께 이색의 문하에서 수
학했다. 서자라는 이유로 빛을 보지 못했던 정도전과 달리 권근은
17세에 성균관 시험에 합격하고 다음 해 문과 전시에 급제해 겨우
34세에 성균관 대사성에 오른 초엘리트였다. 특히 그가 저술한 《입

학도설》은 주자성리학의 입문서로 평가받았으며, 사서오경 중 오경을 풀어 쓴 《오경천견록(五經淺見錄)》도 필독서로 꼽혔다. 이황이 권근을 두고 "양촌(권근)의 학문이 깊고 넓음은 《입학도설》과 《오경천견록》을 저술한 것으로 증거가 된다"라고 말했을 정도였다.

기묘사림이 그토록 애지중지한 《소학》을 전국의 학교에서 필수 과목으로 삼게 한 것도, 《소학》에 대한 예비 시험을 통과해야만 생원시 응시 자격을 주게 한 것도 모두 권근이었다.

이런 권근의 주도 아래 조선은 성균관뿐 아니라 집현전이라는 학술 기구를 따로 두어 성리학에 대한 연구를 지원했는데 정인지(鄭麟趾), 신숙주, 양성지, 서거정(徐居正) 등 유명 학자들이 배출되며 인재 요람의 역할을 톡톡히 했다. 덕분에 조선 초기에는 사학보다 관학의 파워가 셌고, 권근의 아성은 탄탄할 수밖에 없었다. 이황, 조식, 기대승(奇大升) 같은 지방 학자들이 중앙의 관학파보다 높은 위상을 갖게 되는 것은 100년 후의 일이었다. 즉, 조선 전기에 성리학의 발달을 촉진한 것은 중앙 정부의 교육 기관을 장악한 관학파였고, 그들이 볼 때 권근이야말로 도통을 이을 자격이 충분했던 것이다.

태종이 정몽주 복권을 결정

그렇다면 나중에 사림에 의해 조선 성리학의 정통 계보로 인정받게 되는 정몽주-길재-김숙자-김종직-김굉필 · 정여창-조광조 라인의 면면은 어땠을까. 정몽주부터 살펴보자.

정몽주는 새 왕조 창건을 반대했을 뿐 아니라 이성계 세력을 막아선 가장 위협적인 존재였다. 이성계가 사냥 중 말에서 떨어졌을 때, 정몽주는 재빠르게 정도전, 조준(趙浚) 등을 탄핵하고 귀양을 보내 이성계 일파를 궁지에 몰았다. 이방원과 수하들이 이성계의 병문안을 온 정몽주를 암살하면서 상황을 반전시켰지만, 이성계 일파에겐 모든 것이 무위로 돌아갈 뻔한 큰 위기였다. 그랬기에 하륜(河崙)은 정종에게 이방원을 세자로 세워야 한다고 주장하면서 "정몽주의 난에 만일 정안공(이방원)이 없었다면 큰일이 거의 이루어지지 못했을 것"이라고 강조했다. 즉 조선의 입장에서 정몽주는 개국을 방해한 반역자나 다름없었다.

그런데 이런 정몽주를 복권시키는 데 앞장선 것은 권근이다.

"자고로 국가를 가진 자는 반드시 절의 있는 선비를 포창하니, 만세의 강상(綱常)을 굳게 하자는 것입니다. 왕자(王者)가 의를 들어서 창업할 때에 자기에게 붙좇는 자는 상을 주고 붙좇지 않는 자는 죄를 주는 것이 진실로 의당한 일이오나, 대업이 이미 정하여져서 수성할 때에 이르러서는 반드시 전대(前代)에 절의를 다한 신하를 상 주어, 죽은 자는 벼슬을 추증하고, 살아 있는 자는 불러 써서, 아울러 정표(旌表)와 상을 가하여 후세 인신(人臣)의 절의를 장려하나니…"

《태종실록》 1년 1월 14일

사림, 조선의 586

권근에 따르면 정몽주는 이성계에게 천명과 인심이 돌아가는 것을 알았고, 고려 왕조가 위태하고 망하는 형세도 알았으며, 자기 몸이 보전되지 못할 것도 알고 있었지만 "두 임금을 섬길 수 없다"라는 절의 때문에 맞섰다. 그러니 이제 조선 왕조의 기틀을 다지기 위해선 그를 추증해야 한다는 것이었다. 정몽주를 때려 죽인 태종이지만 권근의 말에 수긍했다. 정몽주는 그해 11월 영의정부사에 증직됐다. 권근도 권근이지만 새 왕조를 반석 위에 세우기 위해선 이러한 조치가 불가피하다고 인정한 태종도 보통 군주는 아니다.

권근의 패배, 정몽주의 승리

권근은 이때까지 높은 평가를 받지 않았던 길재도 언급했다.

"길재는 고절(苦節)이 있는 선비입니다. 전하께서 동궁에 계실 때에 예전 교의(交誼)를 잊지 않으시고 또 독실한 효도를 아름답게 여기시어 상왕께 사뢰어 벼슬을 제수하셨는데, 길재가 일찍이 위조(僞朝, 고려)에 벼슬하였다고 하여 스스로 오늘에 신하 노릇을 하지 않으려고 하였습니다. (…) 혁명한 뒤에 오히려 예전 임금을 위하여 절개를 지키어 능히 작록(爵祿)을 사양한 자는 오직 이 한 사람뿐입니다. 어찌 높은 선비가 아니겠습니까. 마땅히 다시 예로써 불러 작명(爵命)을 더하시고, 굳이 뜻을 지켜 오지 않는다면 그 고을로 하여금 정문(旌門)을 세우고 부역을 면제하게 하여 절의(節義)를 포상하는 법을 빛내게 하소서."

《태종실록》 1년 1월 14일

길재는 원래 이방원과 같은 고을에 살던 친구였다. 그의 재주를
아낀 이방원이 세자 시절 벼슬에 추천했지만 그가 거절했다고 한
다. 고려에서 벼슬을 했는데 어떻게 조선에서 또 하겠느냐며 사양
하고 시골로 은거한 것이다. 권근은 절개를 지킨 길재도 포상해야
한다고 권했다.

그런데 길재에 대해선 다소 논란이 있다. 그의 학문은 분명 뛰어
났던 것 같다. 그것은 이방원이 세자 시절 그를 추천했다는 것만
봐도 알 수 있다. 이방원은 고려 우왕 시절 과거에 최연소 급제한
재원이었다. 참고로 역대 국왕 중 과거에 급제한 것은 이방원이
유일무이하다. 그런 이방원이 아무나 추천했을 것 같지는 않다. 다
만 학문적 수준을 가늠하기는 어렵다. 길재가 남긴 《야은집(冶隱集)》
은 시문집일 뿐이지, 성리학 사상사에서 중요한 책은 아니기 때문
이다.

학문적 수준을 놓고 보면 오히려 권근이 앞섰을 것이다. 그런데
훗날 도통에서는 권근이 빠지고 길재가 들어갔다. 왜일까? 도통의
기준을 실력이나 공적이 아닌 절의로 바꿔놨기 때문이다. 사림이
집권한 시기부터는 절의의 확립과 이단에 대한 배격이 가장 중요
한 가치로 자리 잡기 시작했다.

잘 이해가 안 된다면 예송논쟁(禮訟論爭)을 떠올려보자. 물론 예송

논쟁은 민감한 이슈를 다뤘다. 상복을 얼마나 입을 것이냐는 효종을 정통 계승자로 볼 것이냐 아니냐가 걸린 정치적 헤게모니 싸움이었다. 하지만 여기서 부국강병이나 민생복리는 어디서도 찾아볼 수 없다. 누가 더 성리학적 가치관에 따라 종통을 바르게 해석했느냐를 놓고 피를 흘렸을 뿐이다.

이 무렵 잉글랜드에서는 권리장전을 만들어 의회의 승인 없이는 과세하거나 법을 만들 수 없도록 했고, 암스테르담에서는 증권거래소가 만들어졌다. 그런 시기에 상복을 몇 년 입을 것이냐를 두고 나라의 지배 세력이 두 쪽으로 나뉘어 혈전을 벌인 것은 좀처럼 고개가 끄덕여지지 않는 대목이다.

다시 권근과 정몽주 · 길재의 이야기로 돌아오자.

역사의 흐름은 얄궂은 때가 있다. 권근의 노력으로 회생한 정몽주와 길재는 '절의를 지킨 충신'이라며 조선 성리학의 도통이 됐고, 이들의 신원을 복구시킨 권근은 도통에 오르지 못했으니 말이다.

사림이 네 차례 사화에도 불구하고 살아남아 역사의 승자가 된 것은 건국 이래 진행된 성리학 보급의 공이 컸다. 100년간 국가 기관과 각 교육 기관을 통해 전파된 성리학은 빠른 속도로 자리 잡고 있었다. 여기엔 권근 등이 주도한 진흥책이 큰 영향을 끼쳤다. 하지만 성리학의 세상이 되자 정작 권근이 낄 자리가 없었다. 사림파가 볼 때 정몽주는 비록 조선 건국에는 반대했지만 '불사이군'이라는 절의를 지키는 길을 걸었고, 권근은 비록 공은 많지만 절의를 지키지 않은 소인배였다. 또 권근이 아닌 정몽주가 추앙되어야 사

2장 도덕주의 사림의 계보학

육신을 기리며 세조의 왕위 찬탈도 잘못된 것이라는 점을 명확히 할 수 있었고, 여기서부터 왕권과 나란히 하는 사림의 권력이 만들어질 수 있었다.

이런 분위기는 훗날 정묘호란에서도 비슷하게 재연된다. 후금과의 전쟁을 막고 병자호란에는 포로 송환과 환향녀(還鄕女) 문제 등을 해결하려고 앞장섰던 최명길(崔鳴吉)은 비난의 대상이 됐지만, 아무런 책임도 지지 않은 채 강경론만 외치다가 인조가 항복하는 순간 성을 빠져나간 김상헌(金尙憲)은 절의를 지킨 인물로 후세의 표상이 됐다.

역사의 패자가 된 대한민국 건국 세력

이것을 대한민국의 역사와 겹쳐 보면 묘한 공명을 울린다.

민주공화정의 초창기를 담당한 이승만—박정희 정부의 운명이다. 이들은 대한민국 건국과 경제 발달에 초석을 다졌지만 민주주의에 대해선 만족할 만한 답을 제시하지 못했다. 정부에 반대하는 목소리는 공권력을 동원해 탄압했다. 이는 보다 높은 수준의 민주주의를 요구하던 재야 및 대학생들의 저항에 부딪혔다. 경제 발전과 중산층 형성은 민주주의 토대에 가장 중요한 기반 중 하나지만 결국 이런 성과 위에서 성장한 586 세대와 중산층의 외면으로 정권이 무너졌다.

또 민족주의에서도 이승만–박정희 정부는 대중적 기준에 부합하지 못했다. 이들은 부일(附日) 경력자를 기용했고 일본과 '적당한 타협'을 통해 국교를 재개했다. 비록 국가 건설 과정에 필요한 전문직 인력의 확보, 산업화를 위한 자금 마련이라는 나름의 이유는 있었지만 반일 민족주의라는 담론 앞에서는 친일파로 낙인이 찍힐 수밖에 없었다. 이승만과 박정희는 신생국 대한민국의 가장 큰 과제였던 국가 생존에 성공하고, 북한과의 체제 경쟁에서 완벽하게 승리했으며, 산업화와 경제 발전이라는 공을 세웠지만 민족주의라는 '절의' 앞에서는 '도통론'에 오를 수 없는 운명이었다. 박정희가 말한 "내 무덤에 침을 뱉어라"는 예언이 됐다.

이야기가 나온 김에 조금 더 짚어보자.

민족주의는 민주주의와 함께 현재 대한민국의 '도통론'에서 가장 강력한 기준이다. 아니, 민족주의가 더 강력한 것이 아닌가 싶을 때도 있다. 민주주의에 대해선 다양한 담론이 허용되지만, 항일이나 반일이라는 가치 앞에선 하나의 시각만 용인되기 때문이다.

다시 말해 과거엔 '친북'이냐 '반북'이냐가 가장 중요한 기준이었다면 현재 한국에서 가장 강력한 프레임은 '친일'이냐 '반일'이냐의 문제다. 사림들이 서적을 편찬하고 교육과 국가적 행사를 통해 절의와 도통론을 강조했듯이 한국에서도 각종 영화, 연극, 드라마 등을 통해 이 같은 프레임이 계속 힘을 발휘하고 있다. 이것은 2019년 정권 차원에서 주도한 대대적인 반일 캠페인에서도 확인됐다.

2장 도덕주의 사림의 계보학

친일파로 전락한 인촌 김성수

권근과 연관되어 떠오르는 것은 인촌 김성수다. 건국 초만 해도 김성수에 대한 평가는 대단히 긍정적이었다. 그는 해방 직후 향후 들어설 정부에 대한 서울 지역의 설문조사에서 교육부 장관 2위에 올랐다. 김성수는 이승만에 반대한 제1야당 한민당의 지도자였고 부통령에 올랐다. 그리고 이승만의 1952년 5.26 정치 파동에 반대해 부통령에서 사임했다.

김대중 대통령도 야당 총재 시절, 김성수에 대해서 이렇게 말했다.

"인촌은 비록 감옥에 가고 독립투쟁은 하지 않았지만 어떠한 독립투쟁 못지않게 우리 민족에 공헌을 했다고 나는 믿는다. 인촌은 동아일보를 창간해 우리 민족을 계몽하여 갈 방향을 제시해주었고 큰 힘을 주었다. 그 공로는 아무리 강조해도 다 표현할 수 없을 정도로 큰 것이었다. 인촌은 오늘의 중앙고와 고려대를 운영해서 수많은 인재를 양성해 일제 치하에서 이 나라를 이끌 고급 인력을 배출, 우리 민족의 내실 역량을 키웠다. 인촌은 또한 근대적 산업 규모의 경성방직을 만들어서 우리 민족도 능히 근대적 사업을 할 수 있는 능력을 가지고 있음을 과시했다."

1993년 광복 48주년 특별기고

일제 강점기 시절 장준하와 함께 한국광복군에 가담해 미국 OSS 부대 훈련을 받았던 김준엽 전 고려대 총장도 같은 평가를 내린 적이 있다.

"내가 고려대학과 인연을 맺은 것은 1945년 광복과 더불어서이다. 귀국하자 외국에서 공부한 사람이 드문 시절이라 서울대, 연대 등에서도 오라고 했지만 난 고대를 택했다. 그 연유는 나도 독립운동을 좀 했고, 평소 인촌 선생을 존경하고 있었기 때문이었다. 일제 시대, 그 당시에는 동아일보를 한국의 정부로 생각했었다. 말이 쉽지 일제의 탄압 아래서 신문 경영, 학교 경영, 기업 경영 등은 정말 어려운 일이다. 임시정부를 좀 알아서 김구나 이승만 등 지도자들을 많이 알았지만 인촌만큼 훌륭하기는 어렵다고 생각했다."

그 외에도 강원룡 목사와 김수환 추기경 등 민주화에 기여한 인사들과 독립운동가가 인촌을 높게 평가했고 '민족 반역자'라는 평가를 내린 사람은 없었다.

이런 평가가 뒤집힌 것은 1980년대부터다. 민족문제연구소 등이 그의 학도병 권유 등을 문제 삼았다. 대법원은 결국 김성수를 친일행위자로 판정했고, 대대적인 김성수 지우기에 들어간다. 그것은 반일이 가장 중요한 가치이자 기준이 된 사회 분위기를 보여준다.

586 세력의 김원봉 영웅 만들기

반대로 이것은 문재인 정부 일각에서 김원봉의 국가유공자 서훈을 어떻게 시도할 수 있었는지, 또한 왜 그리 집착했는지 생각할 거리를 던져준다.

건국에 반대하고 북한에서 검열상·노동상 등 고위직에 올라 6.25 전쟁에도 뛰어든 김원봉을 대한민국의 새로운 '도통'에 올리면 한국 근현대사를 평가하는 기준은 완전히 바뀐다. 이후 대한민국이 기려야 할 인사는 건국에 대한 공적이 아니라 항일 경력을 기준으로 삼게 될 테니 말이다. 그러면 이승만, 박정희, 김성수 같은 인사들을 지금보다 더 역사의 바닥으로 끌어내릴 수 있다. 권근과 정도전에 대한 사림의 평가가 매몰찼듯이 말이다. 같은 논리로 대한민국 건국에 방해했더라도 항일에 참여했던 인사들이 대거 '도통'에 오르면서 국가 주도로 이들을 기리게 될 것이다.

문재인 정부가 들어선 뒤 김원봉에 대해 한순간 '거품'이 일었다. '일본군이 가장 두려워한 사람'이라는 감상이 사실인 것처럼 기사 제목으로 붙고, 김구가 김원봉 덕분에 독립운동을 잘할 수 있었다는 허구의 이야기가 MBC 드라마 〈이몽〉을 통해서 방영됐다. 문재인 대통령이 2019년 현충일 추념사에서 "약산 김원봉 선생이 이끌던 조선의용대가 편입돼 마침내 민족의 독립운동 역량을 집결했다"라고 말하자, 보훈처에서 서훈 추진을 검토한다는 소식이 전해지기도 했다.

김원봉이 중국에서 어려운 환경에서도 항일 운동을 벌인 인사라는 점에선 의심의 여지가 없다. 그 자체로 높은 평가를 받아야 한다는 점도 마찬가지다.

다만 그는 일본군과 정규전을 벌인 일이 단 한 차례도 없다. 그가 주도한 조선의용대는 중일전쟁 당시 중국군에 편입됐는데, 전투 부대가 아닌 선전대로 활동했다. 즉, 전장에서 전투를 치르는 것이 아니라 선전 활동, 포로 심문, 기관지 발행 등의 활동을 맡은 것이다. 조선의용대의 대표적 활약으로 1941년 '호가장 전투'를 꼽는다. 반일 선전 활동을 하던 대원 20여 명이 호가장이라는 마을에서 묵던 중 일본군의 습격을 받아 4명이 전사하고 대장 김세광이 총상을 입은 사건이다.

중국 국민당과 공산당에서 장제스(蔣介石), 펑더화이(彭德懷), 린뱌오(林彪) 등이 수만에서 수십만 명의 군대를 이끌고 일본 정규군과 정면 대결을 벌인 것과 비교하면 차이가 있다. 김원봉의 업적이 별 것 아니라고 말하자는 것이 아니라, '일본이 가장 두려워한 인물'이라고까지 포장하는 것은 '국뽕'을 자극해 감성에 기대려는 과도한 수식어라고 볼 수밖에 없다는 것이다.

그리고 또 하나, 중국 공산당은 장제스를, 대만 정부는 펑더화이와 린뱌오를 기리지 않는다. 이것은 설령 항일 경력이 있더라도 서로 다른 체제의 국가에서 보훈하기가 얼마나 어려운지를 보여준다. 대한민국의 상황이 유난히 특수한 것이 아니다.

조선 창건을 막은 정몽주가 적통

정몽주를 문묘에 배향해야 한다는 논의는 세조 2년(1456) 집현전

직제학 양성지에 의해 처음 나왔다. 하지만 당시엔 몇 가지 이유로 논의가 발전되기 어려웠다.

일단 문묘에 배향하는 순간 조선의 사대부가 따라야 할 모델이 된다. 이것은 단순히 성현 한 명을 기리는 문제가 아니다. 성리학을 국가의 유일한 이념으로 인정한 조선 사회에서 적통자가 누구인지를 가리는 일이었다. 앞서 권근 등이 제안했던 사면복권과는 차원이 다른 문제였다. 정몽주는 건국을 반대한 인사이기 때문에 고민이 깊어질 수밖에 없었다.

게다가 정몽주는 권력에 저항하고 숙청된 희생자인데, 하필 세조도 계유정난이라는 피바람을 일으킨 터였다. 또 공교롭게도 양성지가 이를 건의하고 석 달 뒤에 사육신 사건(1456년 6월)이 터졌다. 성삼문(成三問), 박팽년(朴彭年) 등 사대부가 절의를 강조하면서 단종 복위 운동을 벌인 사건이었다. 정국은 얼어붙었고, 절의의 상징인 정몽주의 문묘 종사를 계속 요구한다는 건 불가능했다.

수면 아래로 가라앉은 정몽주의 문묘 종사 문제가 본격적으로 제기된 것은 중종 때다. 중종 5년(1510) 10월 정언(正言) 이여(李舒)는 정몽주가 조선 이학(理學)의 종장이라며 문묘에 종사하자고 건의했다. 중종은 담당 관서인 예조가 삼공(영의정, 우의정, 좌의정)과 논의하게 했는데, 삼공은 두 달 후 반대 의견을 냈다. 절개는 높게 평가해야겠지만 그것만으로 문묘 종사는 적합하지 않다는 것이다. 이들은 "어진 사람이라고 해서 다 문묘에 종사한다면 문묘 종사라는 것이 가벼워질 우려가 있다"라고 했다.

일리가 있었다. 정몽주가 학문적으로 뛰어난 것은 의심할 바 없었다. 정도전은 "학생들이 성균관에서 자기의 학식을 고집하고 사람마다 이설을 제기했으나 정몽주가 질문마다 막힘없이 답변했고 풀이와 분석이 틀리지 않았다"라고 했다. 그런데 정몽주의 학문적 비범함을 가늠할 수 있는 건 거기까지다. 그는 권근과 정도전처럼 성리학에 대한 이론서를 낸 적이 없다. 그의 비범함을 전해주는 것은 이색 문하에서 동문수학했던 정도전과 권근의 증언 정도였기 때문에 그의 학문적 깊이나 성숙도가 어느 정도 수준에 도달했는지는 알 수가 없었다. 이방원의 추천밖에 없었던 길재보다는 나은 편이었지만, 그래도 그것만으로 문묘 종사를 결정한다는 것은 어려운 일이었다.

정몽주의 상대적 우위는 학문이 아니라 사림이 전가의 보도처럼 내세우는 절의였다. 물론 도학적 기준에선 무엇보다 중요했지만 이것만으로 문묘에 종사하기는 어렵다는 게 당시 삼공의 판단이었다. 앞서 이야기한 길재와 마찬가지였다. 그리고 국정을 책임진 삼공은 정몽주를 문묘에 배향했을 때 일어날 정치적 파급력도 고려했을 것이다. 하지만 사림들은 물러서지 않았다.

중종 12년 여름 ① - 김굉필의 등장

화약고가 터진 건 중종 12년(1517) 여름이다. 이해는 기묘사화가

2장 도덕주의 사림의 계보학

터지기 2년 전이다. 사림의 세력이 확장되던 때였고, 국정을 장악하기 위해 여러 가지 일을 모색한 시기였다. 대규모 정변인 기묘사화에 가려져 있지만, 이해에 논의된 여러 가지 사안을 살펴보면 이후 조선을 이해하는 데 많은 도움이 된다.

이해 8월 7일 성균관 생원 권전(權磌) 등이 상소를 올려 정몽주와 김굉필의 문묘 종사를 주장하고 나섰다. 이들은 정몽주를 "유학을 크게 일으켜 사도(斯道, 유학의 도리)를 밝혀서 후학에게 열어주었고, 학문은 주자·정자에 비하면 참으로 차이가 있겠으나 공로만큼은 주자·정자와 거의 같은 인물"이라고 했다.

여기서 등장한 의외의 인물은 김굉필이었다. 이들은 김굉필에 대해 "멀리 정몽주의 계통을 잇고 깊이 염(濂)·락(洛)의 연원(淵源)을 찾은 자"라고 평가했다. 염락은 송나라의 유학자 주돈이의 고향인 염계(濂溪)와 정호·정이 형제의 고향인 낙양(洛陽)을 가리키는데, 송나라 때 많은 성리학자를 배출한 곳이다. 염락의 연원을 찾았다는 것은 도학의 근본을 찾은 '참스승'이라는 이야기다. 그런데 이전까지 한 번도 논의된 적 없는 김굉필이 왜 갑자기 들어간 것일까. 권전의 다음 말이 흥미롭다.

"그에게 배운 자는 사도의 본지(本旨)를 얻어 듣고, 그를 만난 자는 이 사람의 풍의(風儀)를 앙모하였으며, 금세의 학자가 그를 태산북두처럼 생각하여 덕행을 귀하게 여기고 문예를 천하게 여기며, 경술(經術)을 존중하고 이단을 억제할 줄 알았으니…."

얼핏 들으면 김굉필을 높게 평가하는 것 같지만 본뜻은 그게 아니다. 그에게 배운 자들이 진리를 깨달은 자라는 이야기다. 그러니까 방점은 김굉필이 아니라 '그에게 배운 자'에 있다. 김굉필의 제자가 누구일까. 바로 조광조다.

중종은 이튿날 경연에서 성균관에서 올라온 정몽주·김굉필의 문묘 종사 문제를 논의하자고 제안했다. 그러자 영의정 정광필이 말했다.

"신(臣)의 자제 중에도 김굉필에게서 수업한 자가 있거니와, 그 사람됨이 추향(趨向)이 지극히 바르고 실천이 독실하니 포상하는 일을 망설여서는 안 되겠으나, 문묘에 종사하는 일은 의논해서 하는 것이 지당합니다."

자신의 아들도 그 아래서 수학했다면서도 논의가 필요하다는 것은 학문적 수준이 그다지 높은 건 아니라는 이야기다. 완곡한 반대나 다름없었다. 그러자 시강관(侍講官) 조광조가 발끈했다.

"김굉필처럼 추향이 지극히 바르고 행신에 도가 있는 사람은 얻기가 쉽지 않습니다."

조광조의 반발에 정광필이 결국 본심을 털어놨다.

"선유(先儒)에 비하면 성경(聖經)을 드러낸 일이 없으니, 문묘에 배향하는 것은 널리 의논해서 해야 합니다."

학문 수준이 낮으니 문묘에 배향하기는 어렵다는 이야기였다. 공방이 치열해지자 기준이 조광조를 지원했다.

"우리나라는 도학이 밝지 못하여 인심이 흐렸었는데 고려 말에 오직 정몽주가 빼어나게 태어나서 이학의 종(宗)이 되어 그 연원을 조금 열어놓았고, 조선에 있어서는 사습(士習, 선비의 풍습)이 비루하여 나아갈 바를 몰랐었는데 김굉필이 젊어서 김종직에게서 수업하여 문호를 조금 알고 스스로 송유(宋儒)의 끼친 실마리를 얻어서 규모를 극진히 하고 그 동정(動靜)과 시위(施爲)가 바로 정자·주자와 같았으니, 성경을 드러내지는 못하였으나 평소에 바른 도를 닦은 공은 지극히 크며, 그 뒤로 사림이 이 사람을 사모하여 착한 마음을 일으켜 다투어 본떴으니 (…) 성경을 드러내지 않았더라도 후학에게 훌륭한 혜택을 입힌 공이 지극할 것입니다. 그러니 묘정에 종사하는 일은 단연코 망설일 것이 없습니다."

빙빙 돌려 말하고 있지만 간단히 정리하면 김굉필이 학문적 수준이 높지는 않지만 김종직에게 배워 후세에 도학을 이어준 공로가 있으니 문묘에 종사해야 한다는 것이다. 민수원(閔壽元)도 "근래 인심이 퇴폐하여 학문에 뜻을 두지 않는데, 혹 이학에 뜻을 두어 사도를 밝히고자 하는 자가 있는 것은 다 김굉필의 힘"이라고 거들었다. 기준과 민수원은 모두 사림파인데, 아마도 조광조와 사전에 모의하고 나왔을 가능성이 높다.

이들의 지원사격으로 힘을 얻은 조광조가 다시 목소리를 높였다.

"김굉필이 마땅한 때를 만나지 못하여 인의·도덕에 뜻을 품고서 제 몸을 바루었을 따름이고, 한때 수업한 사람은 다만 향방을 알 뿐이고 깊은 뜻을 몰랐으니 누가 김굉필과 성리(性理)를 항론하였겠습니까마는 취향이 바르고 동정이 옛사람과 절로 맞았습니다. 상께서 짐작하여 묘정에 종사하시면 아랫사람이 다 지기(志氣)를 격앙하여 그 취향도 바르게 될 것입니다."

김굉필은 때를 못 만난 것일 뿐, 임금이 문묘에 종사만 해준다면 이 같은 논란은 다 사라질 것이라는 이야기다. 김굉필의 문묘 종사는 이날 결론을 내지는 못했으나 경연장 분위기는 조광조 측이 압도했다. 이미 삼사를 장악하고 똘똘 뭉친 기묘사림의 뜻을 꺾기가 어려운 분위기였다.

하지만 이들의 속셈은 너무 뻔히 들여다보여서 당시 사관도 지적했을 정도였다.

> "당초에 생원 안처겸·안정 등이 가장 먼저 정몽주·김굉필을 종사할 것을 주장하여 그날로 의논을 정하려 하였으나, 유생들이 '정몽주는 부끄러울 것이 없겠으나 김굉필은 두드러진 일이 없으므로 문득 논의할 수 없으니, 차차 듣고 보아서 의논해야 하겠다' 하여, 다들 불쾌한 기색을 품으므로 안정 등이 감히 강제하지는 못하였으나 크게 성을 내고 공손하지 않은 말을 하였었다. 그 뜻은 김굉필을 종사하게 하고 그것을 빙자하여 당(黨)을 세우자는 데에 있었는데, 처음부터 정몽주를 위하여 계책을 세운 것은 아니다." 《중종실록》12년 8월 7일

정몽주의 문묘 종사는 기묘사림의 헤게모니를 위한 하나의 도구였을 뿐이라는 것을 날카롭게 지적하고 있다.

중종 12년 여름 ② – 사림의 승리

그런데 이날 조광조는 또 다른 의제를 꺼내 들었다. 계유정난 정리 문제였다. 일종의 과거사 청산 작업이었다. 그는 성삼문과 박팽년에 대해 "그때는 이미 노산(魯山, 단종)에게 몸을 바쳤으므로 신하로서의 지조를 그와 같이 잃지 않았으나, 만약에 세조에게 바쳤다면 또한 세조의 충신이 되었을 것"이라며 이들을 포증(褒贈, 공로를 인정해 관위를 높여주는 것)해야 한다고 주장했다. 그리고 "충신·의사는 이미 군신의 분의를 정하고 나면 다시 달리 변경하지 않는다"라며 이들을 변호했다.

사림들이 절의를 중시하는 것은 앞서 설명했다. 그런데 조광조 세력이 이 문제를 들고 나온 데는 보다 깊은 정치적 판단이 있었던 것 같다.

계유정난과 사육신 문제는 사림의 정통성 문제와 연관된다. 사림을 피바다로 몰고 간 사화의 시작점이 무오사화였다. 이 사화의 발단은 김종직의 조의제문이었다. 항우가 초나라 회왕을 죽인 것을 빗대 세조의 왕위 찬탈을 비판한 것이 단초가 됐다. 따라서 성삼문과 박팽년을 포증한다면 자연히 김종직도 복권된다. 또한 김종직의 제자라는 이유로 무오사화에 연루된 김굉필도 높일 수 있었다. 다시 말해 성삼문과 박팽년은 김굉필에 대한 문묘 종사의 문턱을 낮추고, 그에 더해 그 제자 조광조를, 더 크게는 기묘사림의 정치적 정통성을 확립하기 위한 도구였다.

조광조 세력이 정몽주·김굉필의 문묘 종사와 박팽년·성삼문의 포증을 들고 나온 다음 날, 의정부와 육조의 고관 및 삼사 관원이 모여 이 문제를 논의했다. 사실상 정부의 주요 관리가 다 모인 셈이었다. 이 문제는 그만큼 중요했다. 논의의 흐름은 예상대로 진행됐다.

정광필, 신용개(申用漑) 등 원로 그룹은 정몽주와 김굉필의 문묘 종사를 모두 반대했다. 정광필은 기묘사림을 비판하기도 하고 때로는 힘을 실어주기도 했던 고위직 인사였고, 신용개는 계유정난의 공신 신숙주의 손자지만 김종직의 문하에서 공부한 인사이기도 했다.

반면 사림이 장악한 대간과 홍문관에서는 '정몽주는 당연히 문묘에 배향해야 하고, 김굉필도 끊길 뻔한 도학을 이어 후세 학자들에게 전한 공이 있으니 마땅히 포함해야 한다'라고 했다. 격론 끝에 결국 "정몽주는 이학의 시조이기 때문에 문묘 종사가 마땅하지만, 김굉필은 남긴 말이나 학문 연구의 성과가 없으니 불가하다"라는 절충안이 채택됐고 한 달 뒤 정몽주만 문묘에 배향했다.

기묘사림으로서는 절반의 승리였다. 사실 가장 중요한 패는 김굉필이었다. 그는 김종직의 제자이자 조광조의 스승이다. 그가 문묘에 배향되면 '김종직-김굉필-조광조' 라인은 '적통'으로 국가의 공인을 받고, 그렇게 되면 이후 조광조 세력은 날개를 단다. 따라서 이들이 추진하는 개혁에 반대하는 데는 엄청난 정치적 부담이 따를 수밖에 없다. 비사림파와 원로들이 우려했던 부분도 이런 점이었다. 게다가 사림파는 정의를 독점하고 배타성이 남달랐다. 이런 상황에서 도통까지 사림이 장악하게 되면 그 뒤의 결과는 불 보듯 뻔했다.

어쨌든 절반의 승리라고 해도 승리는 분명했다. 비록 김굉필은 놓쳤지만 기나긴 투쟁 끝에 조선의 도학이 정몽주에서 시작되어 김굉필로 이어진다는 메시지를 충분히 각인했다. 이제 조선의 정통은 건국에 참여해 기초를 닦은 권근이 아니라 절의를 강조하며 이를 반대했던 정몽주가 됐다. 조선 초 인정받은 이제현-이색-권근의 라인은 더 이상 설 자리가 없다는 것이 분명해졌다. 시대가 바뀌고 기준이 뒤집혔다. 정몽주가 문묘에 배향된 이상 조선의 도통이 길재-김숙자-김종직-김굉필, 그리고 조광조로 정리되는 것은 이제 시간문제였다.

선조와 사림의 문묘 종사 공방

문묘 종사 이야기도 이제 종반이다.

1567년 후세에 많은 이야깃거리를 남긴 선조가 등극했다. 선조의 부친 덕흥군(德興君)은 중종의 후궁인 창빈 안씨 소생이었다. 선조는 이때까지 왕위에 오른 국왕 중에서 출신이 가장 비루했다. 누구도 그가 왕위에 오를 거라 예상하지 못했기에 세력도 없었다. 외척도 기댈 형편이 안 됐다. 중종과 비슷한 처지였다. 선조 때 사림이 전면에 부상한 데는 이런 배경도 작용했다.

정몽주 외에 김굉필, 정여창, 조광조, 이언적 등 4현(賢)을 추가로 문묘에 배향하자는 목소리는 선조 2년(1569)부터 나왔다. 처음 제기한 것은 이황이다. 중종 때 논의된 후보군에서 정여창과 이언적이 추가됐는데, 정여창은 김종직 문하에서 김굉필과 함께 배운 사이였고, 이언적은 이황의 스승이었다.

이때 문묘 배향의 후보로 거론된 이들은 모두 사화의 희생자들이기도 했다. 김굉필, 정여창은 김종직의 문도라는 이유로 무오사화와 갑자사화 때 유배를 갔고, 조광조는 기묘사화 때 목숨을 잃었다. 이언적은 을사사화를 일으킨 윤원형(尹元衡) 일당이 반대파를 숙청하려고 추가로 꾸민 양재역 벽서 사건에 연루돼 유배를 갔다.

그러니까 이때 문묘 종사의 논의 기준은 그릇된 권력이 일으킨 사화에서 희생된 이들의 명예를 국가 차원에서 회복시킨다는 성격이 컸다. 또한 사림을 하나로 묶고 더 나아가 정권을 장악할 수 있는 정치 운동의 성격도 있었다.

이황은 이미 선조가 즉위하자마자 국왕을 만난 자리에서 향후 자신들이 문묘 종사에 나설 것임을 암시했다. 다소 길지만 인용해 본다.

"옛날 사람들은 먼저 《소학》을 읽어서 본바탕을 함양했기 때문에 《대학》에 먼저 격물치지를 말한 것입니다. 후세 사람들은 《소학》을 읽지 않기 때문에 학문에 근본이 없어 격물치지의 공효를 알지 못합니다.

2장 도덕주의 사림의 계보학

《소학》이 우리나라에 유포된 지 오래도록 대의(大義)를 아는 사람이 없었는데, 김굉필이 학도들을 모아놓고 해석해 밝힘으로써 그 책이 세상에 크게 유행하게 되었습니다. 그리하여 기묘년에 이르러서는 사람들이 모두들 《소학》을 근본으로 여겼었는데, 불행하게도 현인 군자들이 죄의 그물에 빠지게 되었기 때문에 지금 민간에서는 《소학》을 읽는 사람이 없으니, 이것은 교화가 밝지 못해서 그렇게 된 것입니다. (…) 조광조는 훌륭하고 어진 선비입니다. 타고난 자질이 뛰어나게 아름다워 동배(同輩)들 중에서 빼어났으며, 그의 독실한 학문과 힘써 실천함은 비교할 사람이 드뭅니다. 느지막에 뜻을 굽혀 과거를 보았는데 대신의 천거로 6품직에 승수(陞授)되었으며, 과거에 급제한 뒤로는 당시 어진 선비들이 모두 조광조를 영수로 삼았습니다. 4~5년 사이에 중종께서 발탁하여 재상의 지위에 놓으니 여론이 진실로 합당하다고 했습니다. (…) 불행하게도 소인들의 참소와 이간질 때문에 마침내는 큰 죄를 받았습니다. (…) 지난날 소인들이 어진 선비들을 해치려고 하면서 이름 붙일 죄목이 없자 '이들은 《소학》의 무리들이다'라고 했습니다. 《소학》은 바로 성현의 법언(法言)이니, 그간에 비록 한두 사람이 《소학》을 읽고도 마음이 바르지 못한 자가 있었다 할지라도 이것이 어찌 《소학》의 죄이겠습니까. (…) 김굉필은 김종직에게서 수업을 받았는데, 하루는 시를 짓기를 '《소학》의 글 속에서 어제의 잘못을 깨달았네(小學書中悟昨非)'라고 하자, 김종직이 이를 보고 '성현이 될 바탕이다'라고 했습니다. 김종직은 평소의 행실이 뛰어났고 김굉필과 정여창은 학문이 순수하고 극진했는데 연산조(燕山朝)에 모두 큰 죄를 받았습니다. 그 후 중종조에 이르러

무고하게 죄를 받은 사람들이 모두 신원되었는데, 이 사람들은 당대 도학의 종사(宗師)로서 모두 우의정에 증직되어 춘추로 제사를 내리고 있습니다. 조광조는 학문과 행실이 김굉필이나 정여창과 같은 인물이니 그들과 같이 추증한다면 뒷사람들이 반드시 삼가 본받을 것입니다."

《선조실록》즉위년 11월 4일

선조 3년(1570) 4월 시작된 문묘 종사 운동은 선조 6년 이황이 사망하자 이황까지 포함한 5현의 문묘 종사 운동으로 확장됐다. 그러면 사림의 시대를 만들어준 선조의 입장은 어땠을까. 선조는 사림에게 호의적이었지만 이것만큼은 죽을 때까지 들어주지 않았다. 몇 가지 이유가 있었다.

첫째, 권력 밸런스의 문제가 있었다.

성리학의 나라에서 문묘에 종사된 성현의 권위는 국왕보다 결코 낮지 않다. 다시 말해 누군가 문묘에 종사되면 그 권위를 빌려 나오는 목소리를 국왕도 함부로 할 수 없다는 이야기다.

조선 건국 후 100년 동안 문묘에 종사된 것은 정몽주뿐이다. 그것도 세조 때부터 수십 년간 논쟁이 이어져온 끝에 마련된 일종의 정치적 합의였다. 그런데 선조에게 5명이나 더하라는 것은 과도한 요구였다. 이미 도학의 계보를 업고 지식 권력에 이어 정치권력까지 완벽하게 장악한 사림에게 날개를 달아주다가는 국왕이 허수아비가 될 수도 있었다. 선조는 권력에 대해 동물적인 감각을 가진 군주였다.

그렇다고 마냥 억눌렀다가는 어떤 방향으로 폭발할지 알 수 없었다. 그래서 선조는 이황을 제외한 4현의 행적을 모은 《국조유선록(國朝儒先錄)》을 편찬 보급하고, 이황을 대광보국숭록대부(大匡輔國崇祿大夫) 영의정 겸 경연·홍문관·예문관·춘추관·관상감영사에 추증하는 등 예우를 다하면서 사림을 달랬다. 그러면서 한편으로는 이언적이 을사사화 당시 희생자들을 심문하는 추관의 역할을 맡았다며 과거 행적을 문제 삼아 '역공'을 펴기도 했다. 문묘 종사 요구를 누르기 위해 당근과 채찍을 동시에 든 셈이다. 이쯤에서 타협하자는 메시지였다.

둘째, 붕당의 혼란을 부추길 수 있었다.

붕당은 선조 때 이조전랑을 두고 동인과 서인으로 나뉘면서 시작됐다는 것은 잘 알려진 이야기다. 선조 후반엔 동인이 남인과 북인으로 나뉘면서 남인, 북인, 서인의 3대 세력으로 재편되어 있었다. 이런 상황에서 문묘 종사가 시작되면 서로 자신들의 스승을 올리기 위해 조정 전체가 격렬한 소용돌이에 휩싸일 것이 뻔했다. 그래서 선조는 이 문제를 최대한 끌었다. 그의 판단이 옳았다는 것은 그가 죽은 뒤에야 증명됐다.

광해군 때 5현의 문묘 종사 확정

광해군 2년(1610년) 5현의 문묘 종사가 확정됐다. 위에서도 언급했듯이 이는 왕권으로선 달갑지 않은 정치 이벤트다. 광해군이 이렇게 쉽사리 무너진 것은 왜일까?

일단 정통성 시비가 광해군의 발목을 붙잡고 있었다. 재위 초기 그의 왕권은 불안정했다. 그는 친형 임해군을 죽게 했고 선조가 후계로 염두에 둔 것은 영창대군이라는 소문에 시달렸다. 더구나 광해군을 지지한 북인(대북) 세력은 성리학 세계에서 별종이자 이단으로 폄하되는 마이너 그룹이었다. 그래서 광해군은 문묘 종사라는 이벤트를 통해 여론의 지지를 얻고자 했다. 그의 입장에서는 고려할 만한 정치적 한 수였다. 정통성에 취약한 정권은 오피니언 리더들에게 당근을 제시하며 여론을 달래려고 시도할 수밖에 없다. 그것은 노태우 정부 때 대대적으로 실시한 민주화 조치에서도 볼 수 있다.

다만 선조가 우려했던 일이 벌어진 것은 불문가지였다. 온갖 고초에도 광해군을 지지하며 여당이 된 북인들이 격렬하게 반발한 것이다. 사실 문묘에 오른 5현은 남인계에 가깝다. 김굉필, 정여창, 조광조까지는 공통의 '조상'이라고 쳐도 이언적과 이황은 남인의 종주였다. 그런데 북인도 조식이라는 걸출한 학자를 스승으로 모시고 있었다. 다만 이황과 조식은 서로를 인정하지 않았고, 양측의 불화는 정치적으로 대립한 남인과 북인에게로 이어졌다. 이런 상황에서 남인의 스승만 문묘에 올렸으니 북인으로서는 뒤통수를 세게 맞은 기분이었을 것이다.

그러면 광해군은 왜 정치적 지지 세력인 북인에게는 선물을 안기

2장 도덕주의 사림의 계보학

지 않았을까? 그것은 현실 권력에 학문 권력까지 얹을 수는 없다는 정치적 고려가 작용했던 것 같다. 안 그래도 일당 독주하는 북인에게 도통의 권력까지 주어진다면 누구도 제어하기 어려울 수 있으니 말이다. 더구나 북인은 무력에도 정통했다. 선조가 그토록 문묘 종사에 냉담했던 이유를 떠올려보면 광해군의 판단도 수긍이 가는 측면이 있다. 이것은 문묘 종사가 치밀하게 계산된 정치적 이벤트라는 점을 명확하게 보여준다.

이런 연유를 알았든 몰랐든 북인으로서는 격분할 수밖에 없었다. 대북의 영수 정인홍(鄭仁弘)은 이언적과 이황의 문묘 퇴출을 요구하는 이른바 '회퇴변척소(晦退辯斥疏)'를 올려 큰 파장을 일으켰다. 이언적과 이황을 끌어내리고 북인의 스승인 조식을 문묘에 배향하겠다는 것이었다. 안 그래도 세가 협소한 북인이 정권을 오래 이어가기 위해선 반드시 필요한 작업이라고 판단했던 모양이다. 하지만 정인홍은 오히려 여론의 반발을 사며 유생들의 명부인 청금록(靑衿錄)에서 삭제되는 수모를 당했다.

이것은 북인이 비록 정권을 잡았지만 실제로는 권력 기반이 취약했다는 사실을 재확인시켰다. 남인 중심의 지식 권력의 기반을 깨지 못한 북인 정권의 뿌리는 얕았고 정치권력의 한계는 명확했다.

정권을 잡는다고 전부가 아니다. 그것을 뒷받침할 학계나 예술, 언론 같은 소프트파워를 확보하지 못하면 곧바로 무너져 내릴 수밖에 없다. 북인 정권이 인조반정 당시 불과 600명의 군사에 무너진 이유다. 권력 기반이 취약했기 때문에 북인은 더욱 폐쇄적이고 과격하게 독주했을지도 모른다. 출구가 없는 악순환이다.

또 한편으로는 훗날 권력을 독점할 서인계(노론+소론)가 당시만 해도 동인계(남인+북인)에 비해 세력이 훨씬 약했다는 것도 알 수 있다. 서인에서 떠받드는 이이(李珥)와 성혼(成渾)의 문묘 종사는 숙종 8년(1682)에야 이뤄졌다. 경신환국(庚申換局)으로 남인이 몰락하고 서인이 재집권하면서다. 이때는 남인계의 스승들이 문묘에 배향되고 72년이나 지난 뒤였다. 하지만 이후 문묘 종사는 서인, 그중에서도 노론이 독점하게 된다.

어쨌든 100년 넘게 이어진 투쟁은 결국 사림의 완승으로 끝났다. 계보 만들기를 통해 치밀하고 끈덕지게 바닥을 다져온 사림은 지식과 정치의 헤게모니를 모두 움켜쥐고 권력의 전면에 등장했으며 양반 엘리트 사회도 완성됐다. 불가나 도가 또는 기술에 관심을 갖거나 이재를 추구하는 것은 손가락질받고 사문난적으로 몰릴 시기가 다가왔다는 이야기다.

이제 조선에서 성리학적 가치에 반하는 현실론은 설 자리가 없었다. 사림의, 사림에 의한, 사림을 위한 나라가 될 터였다.

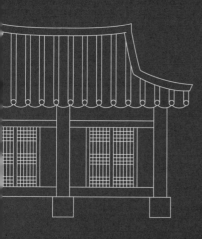

"우리나라가 유지되는 것은 바로 사대부의 힘입니다. 그런데 지금
하루아침에 갑자기 일찍이 없었던 일을 만들어 서민들과 똑같이
군포를 징수한다면 그 원망 소리 또한 크지 않겠습니까?"

《효종실록》 10년 2월 13일

3장

사림의 위선,
586의
내로남불

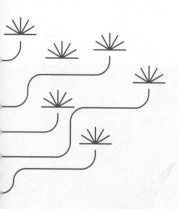

20년 유배된 유희춘의 인생 역전

조선의 건국을 촉발한 것은 토지 문제였다. 권문세족의 대토지 소유에 반발하며 이를 바로잡고자 시도하면서 불이 붙었다. 그러나 조선 공신들이 특권을 향유하면서 건국 100년 만에 관료에게 나눠줄 토지가 바닥났다. 또한 왕자의 난, 계유정난 등 성리학적 가치를 무너뜨리는 사건들이 이어졌고, 이에 반발해 일어선 것이 사림파였다. 그랬기 때문에 사림이 주창한 도학 정치는 이전보다 차원 높은 도덕적인 정치를 강조했다. 자기 수양적 가치를 정치에서도 실현하고자 했던 것이 이들의 특징이었다. 일종의 국가적 차원의 '정풍 운동'이었다.

그런 사림파도 권력을 잡자 자신들이 비판했던 세력과 다르지 않았다. "나라의 근본은 백성"이라고 목소리를 높이면서도, 백성을 착취하고 양반의 기득권을 보장해주는 대토지 소유, 노비 문제, 서얼 차별 등에 대해서는 침묵했다. 오히려 이들은 사화 때 겪었던 고초 등을 떠올리며 이런 혜택이 당연한 보상이라고 생각했다. 이런 사림들의 심리를 설명해주는 대표적인 인물이 조선 중종~선조 때의 유희춘(柳希春)이다.

유희춘은 중종 33년(1538) 문과에 급제한 전도유망한 관료였다. 그러나 기쁨도 잠시, 을사사화(1545)에 연루돼 함경도 종성 등에서 20년간 유배 생활을 했다. 하루아침에 변경으로 내쫓긴 그가 느꼈을 박탈감을 상상하기란 어렵지 않다. 그의 청춘과 꿈은 산산조각 났고, 20년의 세월은 그의 일가도 바닥으로 끌어내렸다. 선대부터 이어온 토지와 노비는 흩어졌고, 노모를 비롯한 가족들은 친척의 도움으로 겨우 연명하는 처지가 됐다.

그렇게 끝날 줄 알았던 그의 인생은 1567년 선조가 즉위하면서 터닝 포인트를 맞게 된다. 사화로 철퇴를 맞았던 사림파가 복권됐고 이어 정권도 장악했다. 유희춘의 처지도 180도 달라졌다. 유배에서 풀려난 그는 정4품 홍문관 응교를 시작으로 사헌부, 사간원 등 삼사를 거쳐 성균관 대사성, 홍문관 부제학, 예조참판, 사헌부 대사헌까지 올랐다. 지난 세월을 보상받기라도 하듯이 짧은 기간 요직을 두루 거쳤다. 여기까지만 보면 억울하게 탄압받았던 인사의 해피엔딩 스토리다. 한 발짝 더 들어가 보기 전까진 그렇다.

을사사화에 연루된 과거에서 알 수 있듯이 유희춘은 사림파에 속한 인사였다. 명분과 절의를 중요시하며 훈구 대신들의 반칙과 특권적 삶을 비판했으리라는 것을 어렵지 않게 짐작할 수 있다. 또한 세속적 욕망에는 거리를 두고 수신(修身)에만 관심을 두었을 것 같다. 그런데 그가 남긴 《미암일기(眉巖日記)》를 보면 그렇지 않다. 그 안에는 사림이 부르짖던 가치와는 거리가 먼, 이재를 탐하고 반칙과 특권을 당연시하는 한 인간의 일생이 오롯이 들어 있다.

오랫동안 궁핍한 시기를 겪어서였을까. 그는 지난날을 보상이라도 받아야 한다는 듯이 이재에 집착했다. 그가 벼슬에 오르자마자 가장 신경을 쓴 것은 주택 마련이었다. 유배 생활을 20년 하는 동안 가족들이 남에게 의탁하면서, 전남 해남에 있던 집은 거주할 만한 형편이 안 됐던 탓이다. 그런데 그는 가족들이 살 집만 지은 것이 아니다. 인근 창평과 강진 등에 세 채 더 마련했는데, 여기엔 첩을 위한 곳도 있었다.

사림이 보여준 축재의 카르텔

조선 시대 관료의 녹봉은 넉넉하지 않았다. 봉급만으로는 생계를 겨우 꾸리는 수준이었다. 심지어 20년간 유배하며 가족들의 생계도 책임지기 어려웠던 사람이 관직에 오르자마자 집을 4채나 지을 수 있었을까. 불가능한 이야기다. 그런데 불가능을 가능하게 만든 유희춘의 '비결'이 있다. 그는 이 모든 것을 공공 수단으로 해결했다.

그는 부제학으로 승진한 선조 2년 11월부터 전라 감사로 재직하던 선조 4년 4월까지 1년 5개월 동안 지역 수령과 군인들, 여기에 승려까지 동원해 대규모 주택 공사에 들어갔다. 지역 수령에게 부탁해 대둔산에서 기와를 굽고, 완도 등지에서 목재를 실어 와 13칸 집을 지었다. 집터도 누군가에게 제공받은 밭이었다. 명백한 직권 남용이고 국고 횡령이었다. 하지만 누구도 이에 대해 토를 달기 어려웠다. 그는 정계의 중심이 된 사림파 출신 중진이었기 때문이다.

그가 전라 감사로 있던 동안 마련한 집 중에는 창평 수국리에 지은 55칸짜리 저택도 있다. 이 공사에는 담양 부사, 창평 현령 같은 지방 수령뿐 아니라 용천사와 옥천사 등의 승려까지도 동원됐다. 당시 주택 규모를 2품 이상 고위 관료는 40칸, 3품 이하는 30칸으로 제한한 것을 감안하면 명백한 불법이었다. 하지만 그는 개의치 않았다.

이처럼 유희춘의 권세가 막강하자 첩과 누이도 그의 권력을 배경으로 새집을 지었다. 천민 출신이라도 유희춘의 애인이라면 이야기가 달라진다. 22칸이나 됐던 그녀의 주택 공사는 영암 군수와 전라 수사가 맡았다.

유희춘의 '보상 심리'는 이것으로 채워지지 않았다. 조선 시대 관료는 부모의 묘역을 돌보는 명목으로 휴가가 주어졌다. 유희춘이 남긴 기록에 따르면 그가 한양에서 수원, 공주, 전주, 남원, 광주, 강진 등을 거칠 때마다 지방 수령이 나와 음식과 향연으로 접대하고 잠도 관아에서 잤다. 그의 귀향길에는 관아의 말이 제공됐고 호위는 군인들이 책임졌다. 그리고 길가에는 각지에 있던 친인척들이 기다리고 있다가 온갖 민원을 청탁했다. 부모의 묘역을 돌보는 것도 사정은 다르지 않았다. 그는 조상의 묘를 재단장하면서 전라 감사와 순천 부사 등에게 인력과 식량을 부탁했고 석물 공사도 책임지게 했다.

지방관들이 그에게 꼼짝 못한 것은 그가 중앙 정계에 갖고 있는 인맥 등 영향력 때문이다. 확인된 관직 청탁만 120건, 군 면제 청탁은 20건이었다. 이를 통해 유희춘은 나라에서 주는 월급을 제외하고도 경제적 욕구를 충분히 달성할 수 있었다.

그런데도 그는 선대부터 친분을 이어온 지인의 녹패를 갖고 쌀을 타 가서 논란이 되기도 했다. 남의 녹패를 가져다가 쌀을 수령하는 건 꼼수를 넘어 엄연한 불법이었다. 병조에서 반납을 요구하고 광흥창에서도 찾아왔지만 그는 이듬해 가을까지 돌려주지 않고 버티며 쌀을 더 타냈다.

이렇게 열거하니 유희춘이 부도덕의 끝장판으로 보일 수 있다. 하지만 유희춘만 이렇게 살았을까? 아마 아닐 것이다. '훈구'라는 적폐 사냥을 마친 사림들은 이렇게 축재 카르텔을 만들어 공공 재화를 사유화하면서 권력을 유지했다고 보는 게 맞을 것이다.

'초려삼간을 지어 나 한 간, 달 한 간에, 청풍 한 간 맡겨둔다'라는 시조를 읊으며 안빈낙도를 노래하던 사림들의 맨얼굴은 이랬다. 이들이 말하는 '초려삼간'을 진짜 '초려삼간'으로 이해하면 곤란하다.

586이 받은 민주화운동의 보상

대한민국의 민주화에는 586 세력의 희생이 있었다는 것은 누구도 부인할 수 없는 사실이다. 하지만 그것은 카스트로처럼 소수 정예를 이끌고 기존 정부를 전복한 혁명이 아니었다.

한국의 민주화운동에는 586뿐 아니라 넥타이부대, 종교인, 대학교수 등 다양한 그룹이 참여했고, 무엇보다 국민 다수의 지지가 있었다. 각자의 자리에서 다양한 수단으로 호응했기에 군부를 장악한 전두환 정부도 6.29 선언을 통해 대통령 직선제를 수용할 수밖에 없었던 것이다.

직선제 이후 대다수 국민이 본래 자리로 돌아갔지만 586의 지도부는 정치권으로 방향을 틀었다. 김영삼-김대중의 정치적 고려로 1990년대 후반부터 정치계에 발을 들인 이들은 약 20년 만에 권력의 주도권을 완전히 장악하는 데 성공했다. 하지만 그것만으로는 '보상'이 끝났다고 생각하지 않은 듯하다.

각종 편법을 동원해 자신의 자녀에게 특권층에 진입하는 '사다리'를 마련해주거나, 교육 제도를 뜯어고쳐 '사다리'를 걷어차는 것을 보면 도덕 자본과 정치 자본을 획득한 586의 '위시 리스트'는 아직 채워지지 않았다.

이들에게는 아름다운(?) 우정도 평범한 가붕개의 그것과는 차원이 다르다. '금배지'를 달지 못한 친구들을 각종 공공기관에 낙하산으로 내려보내는가 하면, 지방자치단체가 추진하는 각종 이권 사업도 586 그룹의 몫으로 챙기기에 여념이 없다. 그들이 "탐욕스럽고 부패했다"라고 성토하던 보수 기득권의 구태와 대체 어떤 점이 다른 것인지 묻고 싶다.

여기까지만 해도 고개를 갸웃거릴 판이었는데, 얼마 전엔 '민주화유공자에 관한 법률'(우원식·우상호·윤미향·정청래 등 20인 발의)을 발의해 자손까지 혜택이 돌아가도록 시도했던 모양이다.

법안에 따르면 각 대학은 민주화 유공자나 가족 혹은 유가족을 일정 비율 내에서 입학시켜야 하고 수업료는 국가에서 부담한다. 또 국가 기관과 지방자치단체 및 공기업뿐 아니라 일정 규모 이상의 사기업도 입사 때 의무적으로 이들에게 5~10%의 가산점을 줘야 한다. 주택구입자금도 장기 저금리로 대출받을 수 있고, 공공의료기관과 위탁병원의 치료비도 국가에서 부담한다.

사실상 현대판 음서제라는 비판이 나온 이유다. 법안을 꺼내 든 이들이 모두 직접적인 수혜자라는 점에서 몰염치한 셀프 포상이기도 했다.

운동권 출신인 이원욱 더불어민주당 의원조차 "나도 민주화운동 출신이지만 과도한 지원에 납득하기 힘들다"라고 밝혔을 정도다. 더불어민주당 중진인 설훈 의원도 비슷한 내용의 법안을 만들었는데, 이번엔 국회의원 73명이 대거 동참했다. 하지만 설 의원은 2021년 4월 보궐선거를 앞두고 빗발치는 비난 여론에 부담을 느껴 법안을 철회했다.

인간의 도리를 말하며 노비는 늘렸다

《태종실록》에는 흥미로운 구절이 나온다.

> "왜노비(倭奴婢)를 사는 것을 금하였다. 경상도 도관찰사가 아뢰기를 '김해부(金海府) 사람인 박천의 집에 교역(交易)한 왜비(倭婢)가 있는데, 일본 국왕의 사자(使者)의 배로 도망해 들어갔습니다. 부사가 사자에게 이르기를 '이 종은 본래 중한 값을 주고 산 것이니, 지금 숨기고 내놓지 않으면 교린의 뜻에 어긋나니 빨리 돌려보내라' 하였더니, 일본의 사자가 대답하기를 '우리나라에는 본래 사천(私賤)이 없다' 하고 마침내 돌려보내지 않았습니다.'" 《태종실록》 8년 10월 21일

김해에 사는 박천이라는 자가 일본 여성을 종으로 구입했는데, 이 여성이 김해에 와 있던 일본 막부 측 사절의 배로 도망쳤던 모양이다. 그러자 김해 부사가 정식으로 "양국이 선린 우호의 관계를 유지하려면 노예 여성을 내놓아라"라고 경고한 것이다. "일본엔 사천이 없다"라고 대답한 일본 사자의 답변도 눈길을 끈다. 15세기는 중국, 일본 등에서 노비제가 공식적으로 폐지되고 한참이 지난 뒤였다.

고려 전기만 해도 노비가 차지하는 비율은 전체 인구의 10%를 넘지 않았다. 무신 정권기 이후 급증하긴 했지만 그래도 조선 초까지도 30%를 넘지 않았다는 게 학계의 정설이다. 그것이 조선 중기

가 되면 절반에 육박했다. 인간의 도리를 강조하는 사림이 정권을 잡았는데 노비는 왜 증가했을까?

조선 시대 양반들이 노비를 증식하기 위해 노비와 양인을 결혼시키던 일은 이제 많이 알려진 사실이다. '일천즉천(一賤即賤, 부모 중 한 명만 천인이면 자식도 천인)' 제도가 적용됐기 때문이다. 양천교혼(良賤交婚)을 시키면 노비를 보다 손쉽게 늘릴 수 있었다. 그래서 사대부들은 노비들이 양인과 결혼하도록 유도했다. 고려에 비해서 조선 시대에 노비가 급증하게 된 이유다.

예를 들어 1609년 울산 호적을 분석한 한 논문을 보면 사노비(60%)는 공노비(27%)보다 양천교혼율이 훨씬 높게 나온다. 또 사노비 중에서는 주인과 따로 사는 외거노비보다 함께 사는 솔거노비 쪽이 교혼율이 더 높았다. 양반들이 노비들에게 양천교혼을 압박했을 가능성을 시사한다.

정약용도 공노비 해방을 비판

흥미로운 것은 성리학의 가르침 어디에도 노비제를 뒷받침하는 내용이 없다는 것이다. 조선의 양반들은 부모 중 하나라도 노비일 경우 자녀도 노비로 만들었는데, 이것은 주자학에서 강조하는 부계 혈통 계승 원칙을 거스르는 일이었다. 아버지가 양인이라면 자식은 노비가 될 수 없는 것이 주자성리학의 원칙이다. 심지어 사림들이 그토록 떠받드는 주희, 정호, 정이 등이 활동한 송나라에서도 노비 제도가 폐지됐다. 그렇지만 당시 누구도 노비제 부활을 요구하지 않았다.

그런데 모든 가치 기준을 중국에 맞추려 했던 조선의 사대부들이 이 문제만큼은 태도를 달리했다. 태종이 중국처럼 종부법(從父法)을 적용해 노비의 급증을 억제하자, 불만을 품은 사대부들은 결국 세종 때 이를 뒤집었다. 중국에서 근거를 끌어다 쓸 수 없었던 이들은 "예전에도 그랬다"라며 합리화했다.

> "[지중추원사(知中樞院事) 권제(權踶)가 상소하기를] 우리나라 노비의 법은 비록 중국과 공통되지 아니하오나, 예의염치(禮義廉恥)의 풍속이 실로 여기서 비롯됐습니다." 《세종실록》21년 5월 3일

좌참찬과 우찬성을 역임한 권제는 아버지 권근과 함께 조선 초 대표적인 문신이었다. 이런 인사들이 귀천의 구분은 국가 질서의 근본이며, 이를 유지하려면 노비제를 흔들어서는 안 된다고 목소리를 높였다. 국가에서 문묘에 배향한 성현이 그리 많았지만 누구도 노비에 대해선 문제점을 거론하지 않았다.

16세기에는 양인보다 노비가 더 많아져 조정에서 곤혹스러워했을 정도다. 세금을 징수할 대상이 감소했기 때문이다. 노비 인구의 증가를 막기 위해 조정에서는 양인과 노비가 결혼하는 것을 금지하는 법을 제정하기도 했으나 효과를 보지는 못했다.

노비에 대한 사대부들의 탐욕은 곳곳에서 드러난다. 조선 중종 때 이문건(李文楗)의 사례를 보자. 이문건은 중형 이충건(李忠楗)과 조광조의 문하에서 공부했고, 기묘사화 때는 살벌한 분위기 속에서도 조광조를 위한 상례를 치른 기개 있는 인물이었다. 그가 보여준 절의는 사림의 표상이었다.

그런 그가 손녀사위로부터 석지(石只)라는 종이 다섯 아들을 두었다는 이야기를 듣고는 얼른 기상(記上)할 것을 권유한다. 기상은 노비가 자녀에게 재산을 물려주지 못하게 하고 주인에게 헌납을 강요하는 일이다.

몇 달 후 이문건은 손녀사위로부터 '기상을 했더니 석지가 발악하면서 재산을 팔아 도주하려고 한다'라는 소식을 들었다. 그러자 이문건은 석지의 재산을 모두 빼앗으라고 지시한다. 이문건 스스로 남긴 기록에 나오는 내용이다.

이문건만 유독 욕심이 과도했을까? 그보다는 이문건은 기록을 남기는 바람에 우리에게 알려졌을 뿐이고, 당시 사대부 대부분이 이렇게 살았다고 보는 것이 타당할 것이다.

심지어 정약용(丁若鏞) 같은 학자도 1801년 공노비를 해방하자 강도 높게 비판했다. 노비를 해방하면 국가 기강이 무너지고 상하가 문란해진다고 봤기 때문이다. 그는 노비제를 조속히 복구하지 않으면 사회 혼란이 걷잡을 수 없을 것이라고 경고하기도 했다.

'열녀 만들기'에 나선 조선 사림

"양녀(良女) 윤덕은 부여 사람인데, 어렸을 때 부모를 효성껏 섬겼으며 시집가서는 시부모를 친부모처럼 섬겼다. 남편의 상을 당해서는 곡하고 슬퍼함이 한결같이 지성에서 나왔으며, 무덤에 묻고 난 다음에는 목욕한 다음 자결하여 남편의 뒤를 따랐는데, 초빈(草殯)한 곳에서 흰 기운 한 줄기가 위로 뻗쳐 하늘까지 닿았으므로 사람들이 지성에 감동한 소치라고 하였다. 감사가 이 사실을 아뢰자 상이 정표(旌表, 충신이나 효자·열녀 등을 표창하기 위해 마을 앞에 붉게 칠한 문을 세우는 것)하라고 명하였다."

《현종실록》9년 5월 1일

조선은 여성(특히 며느리)에게 죽음을 압박하는 나라였다. 남편을 따라 죽으면 표창하고 명예를 드높여 후세까지 전해줬다. 국가에서 열녀(烈女)로 인정해주면 얻는 혜택이 컸다. 마을에 정표를 세워주고 국가에 바쳐야 하는 각종 부역과 세금을 면해줬다. 그러니 과부가 된 며느리를 둔 집안에서는 어땠을까. 되도록 스스로 '결단'을 내려주기를 바랐을 것이다. 이런 비인간적인 분위기에 휩쓸린 것은 양반 집안뿐이 아니었다.

"대사헌 송준길이 아뢰기를 '요즈음 들으니 성균관의 관비(館婢) 가운데 열녀가 있었는데, 남편이 죽은 뒤에 통곡하는 소리가 밤낮으로 끊이지 않더니 마침내 스스로 목을 매어 죽었다고 합니다. 그의 행실이 극히

아름다워 숭상할 만하므로 마땅히 정표하는 거사가 있어야 할 것 같습
니다.'"

천민도 스스로 결단을 내리는 마당인데 사대부 가문의 며느리로
서는 달리 선택의 여지가 없었을 것이다. 역으로 말하면 '결단'을
꺼릴 경우엔 모종의 작업(?)을 통해 열녀로 포장될 가능성도 얼마
든지 있었다. '보쌈'은 이런 상황에서 만들어진 극단적 탈출구이기
도 했다.

그러나 조선이 처음부터 이렇게 이상한 나라였던 것은 아니다.
조선 전기에는 개가하지 않거나 아픈 남편을 잘 돌보는 것만으로
절부(節婦)가 되어 존경을 받았다. 반대로 말하면 남편이 죽으면 개
가하는 사람도 많았다는 이야기다. 그런데 성리학적 질서가 강화
하면서 후기에는 남편을 따라 자결을 해야 열로 인정해주는 지
경까지 간 것이다. 열녀 만들기는 기묘사림이 받들고 실천 운동을
벌인 《소학》의 영향이 컸다. 《소학》은 남녀의 분별을 강조하면서
남편 잃은 여성의 격리와 유폐를 정당화했고 개가를 엄격하게 금
지했다.

앞서 봤듯이 사림은 조선 전기의 비성리학적 관습에 분개하면서
《소학》적 질서가 사회 전반에 뿌리내리기를 바랐다. 이런 분위기
속에 성종 때 완성된 《경국대전(經國大典)》의 "재가하거나 실행(失行)
한 부녀의 아들 및 손자는 문과, 생원, 진사시에 응시하지 못한다"
라는 조항은 여성의 정절을 강조하고 재가를 막은 강력한 수단이

됐다. 자녀의 앞길을 막는다는데 감히 개가를 시도할 수 있을까. 이처럼 조선에서 여성은 성리학이 추구하는 이상 사회를 건설하기 위해 사용하는 도구로 전락했다.

그러니 사림의 시대가 된 선조 때부터 열녀 만들기가 강화된 것은 당연한 수순이었다. 게다가 이 시기엔 임진왜란이라는 국난도 있었다. 사회 지도층인 양반이 순왜(順倭)가 된다든지 반란이 일어난다든지 하는 사회 윤리의 붕괴가 나타나자 정부는 성리학적 윤리 강화에 매진하게 됐다. 그런 가운데 선조 때부터 사례를 모아 광해군 때 편찬된 《동국신속삼강행실도(東國新續三綱行實圖)》는 임진왜란 기간 중 일어난 열녀 사례를 대거 포함했다. 이 책에서 임진왜란 시기의 열녀는 모두 441명으로 전체 열녀(553명)의 80%에 해당한다. 이들은 모두 죽음을 통해 본받아야 할 표상으로서 인정받았다. 이러한 메시지는 각종 교육과 교화를 통해 사회 전반에 깊숙이 파고들었다.

임란 후 '열녀전'에 꽂힌 양반들

그래서 조선 후기엔 아예 양반들이 '열녀전'의 생산자로 나선다. 임진왜란 이후 열녀전 창작은 폭발적으로 증가했다. 이에 호응해 국가도 정례적으로 열녀 발굴에 나섰다. 가장 열심히 나선 국왕은 정조였다.

"예조에서 아뢰기를 '장흥부(長興府)의 권씨(權氏)가 원수를 갚고 양자를
세우고 나서 음식을 먹지 않고 남편을 따라 죽은 것은 그 절개가 뛰어
났다고 하겠습니다. 그런데 그의 지아비 문도광이 무진년 무렵에 작고
하였으므로 갑진년과 무진년 사이는 37년이란 오랜 세월이 있습니다.
지금 권씨가 지아비가 죽은 날에 죽었다고 하여 남편을 따라 죽은 열녀
로 인정해서 정문(旌門)을 세우는 은전을 시행한다면 은전이 너무나도
남발되는 데로 돌아가 버릴까 염려되니 그만두소서' 하니, 하교하기를
'원수를 갚은 뒤에 죽었으니 그 행실이 참으로 뛰어났다. 햇수의 오래된
것을 논할 것이 뭐가 있는가? 이는 글을 읽은 대장부도 하기 어려운 것
인데 더구나 부녀자이겠는가? 이와 같은 정조를 어찌 차마 인멸되게 할
수 있겠는가? 풍속을 권면하고 보고 듣는 이를 고무시키는 도리에 있어
서 빨리 정문의 은전을 거행하지 않을 수 없다. 즉시 해도(該道)로 하여
금 거행하게 하라.'"   《정조실록》 10년 11월 11일

　남편이 죽은 뒤 37년이 지나서 열녀로 지정해주는 건 과하지 않
으냐는 예조의 질의에 정조는 "이를 어찌 인멸되게 하겠냐"라며 일
축하고 있다. 일각에서는 정조를 개방적인 개혁군주로 포장하지만
그는 성리학의 우월성을 의심한 적 없는 확고한 주자주의자였다.
　이 외에도 자신의 신체 일부를 훼손해 병든 남편에게 먹였다든
가, 집 밖에서 거적만 깔고 흐느끼다가 굶어 죽었다든가, 어린 자
녀를 두고 자결했다는 등의 이야기가 《조선왕조실록》과 각종 열녀
전에 수없이 등장한다. 역사를 바라볼 때는 현재가 아니라 당대의

사림, 조선의 586

시대적 · 문화적 특성을 고려해야 한다지만 남편이 죽은 뒤 통곡하다가 자살하면 "극히 아름다워 숭상할 만하다"라며 칭송하는 모습은 현기증이 날 정도다.

이처럼 사대부들이 열녀 찾기에 집착한 것은 성리학적 사회 안정을 위해서였다. 다시 말해 이것은 성리학 사회를 만들기 위한 교조주의적 맹신이 빚어낸 비극이었다. 만에 하나 정절을 지키지 않는다면, 그래서 자신의 행복을 찾아 개가하거나 다른 남자와 동침하는 수치스러운 일이 벌어진다면 성리학 판타지에 균열을 일으키게 되기 때문이다.

안희정과 박원순의 차이는?

박원순 전 서울 시장의 성추행과 자살로 인해 치러진 보궐선거 운동이 한창일 때 이해하기 어려운 일이 있었다.

선거를 보름가량 앞두고 임종석 전 대통령 비서실장은 페이스북에 박원순 전 서울 시장을 두고 "박원순은 정말 그렇게 몹쓸 사람이었나"라며 "청렴이 여전히 중요한 공직자의 윤리라면 박원순은 내가 아는 가장 청렴한 공직자였다"라고 추켜세웠다. 또한 "미래가치와 생활 이슈에 가장 민감하고 진취적인 사람", "호텔 밥 먹지 않고 날 선 양복 한 번 입지 않고 업무추진비를 반 이상 남기는 쪼잔한 공직자"라며 뜬금없는 예찬론을 폈다.

그러면서 "딱딱한 행정에 사람의 온기와 숨결을 채우려 무던히 애쓰던 그의 열정까지 매장되지는 않았으면 한다. 시민의 품으로 돌아오는 용산공원의 숲속 어느 의자엔가는 매 순간 사람의 가치를 높이고자 치열했던 박원순의 이름 석 자를 소박하게나마 새겨 넣었으면 좋겠다"라고 칭송 발언을 이어갔다. '2차 가해'라는 비판을 받은 임 전 실장뿐 아니라 친여 성향의 지식인과 정치인들도 재평가 및 추모 분위기를 띄웠다. 이들은 선거에 도움이 되지 않는다는 내부 비판이 나오고서야 이를 멈췄다. 그런데 민주당의 박 전 시장에 대한 옹호성 언행은 이때뿐만이 아니었다. 사건 직후에도 고민정 의원을 비롯한 일부 여성 의원들은 '피해자' 대신 '피해호소인'으로 호칭해 논란을 샀다.

이를 보면서 궁금한 것이 있었다. 박원순 전 서울 시장과 안희정 전 충남 지사, 두 사람의 차이는 무엇일까.

양측 모두 성(性) 비위로 광역지자체장에서 내려왔다. 두 사람 모두 여당의 대권 후보군으로 꼽혔던 거물이다. 그렇다고 박 전 시장의 혐의가 사라진 것도 아니었다. 경찰 수사와 재판 과정에서 그의 성추행 혐의는 사실로 확인됐다.

그런데 한 사람에 대해선 추모와 재평가 작업이 진행되고, 다른 한 사람에 대해선 선긋기와 손절로 정치판에서 퇴출했다. 안 전 지사에 대한 보도가 나온 당일 민주당은 긴급최고위원회의를 열어 안 전 지사의 출당 및 제명을 결정했다. 반면 박 전 시장에 대해서는 피해자를 당 차원에서 '피해호소인'이라고 부르거나 재판 결과를 보자는 등 전혀 다른 태도를 보였다. 왜 이런 차이가 벌어졌을까?

우선 주요한 차이는 생사 여부다. 안 전 시장은 살아서 재판을 통해 혐의를 벗으려고 애썼지만, 박 전 시장은 특별한 언급을 남기지 않고 죽음을 택했다. 나는 그 외엔 이 두 명 사이에 어떠한 차이가 있는지 도무지 모르겠다. 이것은 오거돈 전 부산 시장도 마찬가지다. 비슷한 시기에 벌어진 성 비위 사건이었지만, '살아 있는' 오 전 시장에 대해서는 민주당에서 어떠한 옹호나 지원 사격이 없었다.

정치인의 불명예스러운 죽음을 성역화

한국 정치에서는 언제부터인가 이상한 분위기가 자리 잡았다. 불명예스러운 일에 연루되어 죽음을 택하면 '부활'의 여지가 만들어진다.

유사한 사례를 들자면 노회찬 전 의원도 마찬가지다. 노 전 의원은 정치자금을 받은 혐의가 처음 제기됐을 때 완강히 부인했다. 하지만 수사망이 좁혀오자 이를 시인하는 유서를 남기고 극단적 선택을 했다. "2016년 3월 두 차례에 걸쳐 경공모로부터 모두 4,000만 원을 받았다", "어리석은 선택이었으며 부끄러운 판단이었다", "모든 허물은 제 탓이니 저를 벌하여주시고 정의당은 계속 아껴주시길 당부드립니다"라고 속죄하는 내용이었다. 유서에 남겨진 것은 평생 추구해온 가치관을 스스로 저버린 데 대한 부끄러움이었다.

그런데 그 죽음은 정반대의 메시지로 활용되고 있다. 죽으면서까지 남긴 메시지를 진정으로 새기고자 한다면 평생 서민의 편에서 그토록 정치 개혁을 외치던 정치인마저 검은돈의 유혹을 뿌리칠 수 없었던 구조적 문제를 들여다보는 것이 맞지 않을까? 그러나 정의당 및 진보 진영에서는 그런 것은 찾아보기 어렵다. '노회찬 정신' 등을 앞세우며 그를 성역화하는 데 앞장서고, 주요 정치 행사 때마다 그의 묘소를 참배하는 등 보여주기 위한 모습만 연출할 뿐이다.

가족의 금품 수수 문제로 검찰 수사를 받다가 자살한 노무현 전 대통령도 언급하지 않을 수 없다. 노 전 대통령의 죽음이 스스로의 부끄러움 때문인지, 검찰의 무리한 수사 때문인지 여전히 의견이 분분하다. 다만 어느 쪽이든 가족들의 수사가 진행되는 가운데 죽음으로써 이를 중단시킨 것은 일국의 대통령을 역임한 인사로서 결코 바람직하거나 책임 있는 행동은 아니었다.

그의 죽음은 상황을 180도 바꾸었다. 스스로 '폐족'을 칭하던 친노 세력은 화려하게 부활했고, 한때 그의 책임을 추궁하던 일부 언론도 그의 업적을 재평가하고 '살인자'를 찾아야 한다고 목소리를 높이기 시작했다. 그러니 손혜원 전 의원 같은 이는 그 죽음을 놓고 '계산된 것'이라고 언급했을 정도다. (손 전 의원은 얼마 후 이 발언에 대해 사과했다.) 노 전 대통령이 의도하지는 않았더라도 그의 선택이 정치에 이용당하는 잘못된 선례를 남겼다.

미네르바와 김지하에게 죽음을 권한 세력

2009년 사회를 떠들썩하게 만든 미네르바 사건이 있었다. 한국 경제가 침몰한다는 내용으로 심도 있는 글을 온라인에 올려 세간의 주목을 받은 그를 두고 별별 예측이 나돌았다. 외국계 펀드매니저, 대기업 고위 간부, 재경부 고위 공무원 등등 그의 신상에 대한 억측은 아예 상상 수준이었다.

세간의 관심이 집중되자 그는 자신이 1950년대 머슴살이를 했으며 32세에 미국으로 떠나 기업 인수합병(M&A)와 서브프라임 자산 설계 등을 하는 미국 금융계 인사라고 소개했다. 하지만 막상 정체가 밝혀진 그는 전문대를 나온 평범한 청년이었다. 그가 내건 화려한 이력과는 전혀 무관한 사람이었다.

나중에 구속까지 되었던 그는 훗날 언론과의 인터뷰에서 "어느 날 한 20대가 면회를 신청해 '당신이 여기서 자살하면 이명박 정권 붕괴의 시발점이 될 수 있다'라고 하더니, 또 다른 청년이 찾아와 '당신이 십자가를 져달라, 열사가 돼달라'는 말로 내 죽음을 요구했다"라고 밝혔다. 그는 "이후에도 같은 조직에 속한 사람들인지 알 수는 없지만 사람을 바꿔가며 몇 차례 나를 찾아온 사람이 있었다"라며 "이들이 소속된 단체나 이름을 들은 적이 없다. 정황상 '좌파

단체 소속 청년들'이 아니겠느냐고 추정할 뿐"이라고 말했다.

이 기사를 봤을 때는 '그냥 그런가 보다' 생각했는데 몇 년 뒤 비슷한 인터뷰를 또 봤다. 《토지》의 작가 박경리의 딸 김영주 토지문화재단 이사장은 2012년 한 인터뷰에서 이렇게 말했다.

"정권의 박해야 예상했지만 '민청학련' 사건이 터지면서 요상한 일이 벌어졌다. 김 시인이 좌우 양편에서 박해를 받은 것이다. 고대 사회에서 산 인간을 제물로 바치듯 좌파 일각에서 김 시인을 박정희 정권이 죽이도록 유도해 '민족의 제물'로 바치려는 사람들이 있었다. 차츰 그 상황을 인식한 어머니는 사위를 살리기 위해 정권을 자극하지 않으려고 조용하게 백방으로 뛰어다녔다. 남편은 어떤 의미에서는 장모 덕분에 살아남았다." 〈동아일보〉 2012년 7월 17일 자 '어머니 박경리, 김지하 사위 삼은 게 불행의 시작이었지만…'

김지하 씨와 미네르바 박대성 씨에게 '결단'을 권유한 '죽음의 세력'이 동일한 세력인지 아닌지 알 수 없다. 또한 박원순 전 시장이나 노회찬 전 의원에게 누군가 죽음을 강요했다고 말하려는 것도 아니다.

다만 우리 사회 일각에는 분명 죽음을 이용하거나 '열사'가 되도록 압박하는 무언가가 작용하고 있는 것은 아닐지 생각해볼 필요는 있다. 왜 죽음이 '최악의 선택'이라고 말하지 않는가.

박 전 시장에 대한 '추모' 중에서 많은 이의 어안을 벙벙하게 한 것은 윤준병 민주당 의원이 "고인은 죽음으로 당신이 그리던 미투 처리 전범을 몸소 실천했다"라고 SNS에 남긴 것이다. 과거 박 전 시장 밑에서 부시장으로 일했던 윤 의원은 "(박 전 시장은) 순수하고 자존심이 강한 분이시라 고소된 내용의 진위와 관계없이 고소를 당했다는 사실 자체만으로 주변에 미안함을 느꼈을 것 같다"라며, "이후에 전개될 진위 여부에 대한 정치권의 논란과 논란 과정에서 입게 될 피해자에 대한 2차 가해 등을 방지하기 위해 죽음으로서 답하신 것이 아닐까. 고인의 명예가 더 이상 훼손되지 않았으면 좋겠다"라고 남겼다.

박 전 시장이 죽어서 피해자에 대한 2차 가해가 방지됐던가? 이런 장면을 접할 때마다 가끔 정작 고인들은 하늘에서 무슨 생각을 할까, 상상해볼 때가 있다.

죽음을 통해 과오를 덮고 열사로 추앙해주는 분위기를 만든다면, 부녀자를 죽음으로 내몰아 열녀를 만들어내던 조선 시대 사림과 무엇이 다른가.

중종 때 신사무옥(辛巳誣獄)으로 처형된 한충(韓忠)은 유서에 이런 말을 남겼다.

"어둠 속에 깊이 내버려지고 후회함이 오래되었으니 무슨 말을 하겠느냐마는 이는 내가 나 자신을 징계하고 너희에게 바라는 것이니, 밖에서 이르는 것을 내 영화로 삼으려 들지 마라."

서원과 향약으로 지방 권력 장악

중앙 권력만 장악하면 사회가 바뀔까? 아니다. 그것은 사회 각 분야에서 나오는 자발적인 지지와 협조, 그리고 묵인 아래서 완성된다. 따라서 오랜 기간 누적되어온 '적폐'를 청산하지 않으면, 다시 말해 사회 구석구석에 쌓인 구습을 벗겨내고 자신들의 이념으로 채워 넣지 않으면 권력이라는 것은 모래 위의 성이나 다름없다. 사림들은 이를 잘 이해하고 있었다. 계유정난과 기묘사화에서 겪은 뼈아픈 실패도 작용했을 것이다. 그래서 사회 저변부터 사림의 '우군' 또는 '근거지'로 바꾸는 작업에 돌입했다.

정치 운동만으로는 사회 변화를 끌어내는 데 한계를 인식하고 노선을 전환한 것이다. 조선 명종과 선조 시기에 대대적으로 불어닥친 서원(書院)과 향약(鄕約) 만들기가 대표적이다. 이들은 전국 곳곳에 서원이나 서당을 건립해 인재 양성과 성리학 보급에 나서는 한편 유향소(留鄕所)와 향약 등을 만들어 지방을 자신들의 정치적, 사회적 기반으로 재조직했다.

유향소는 조선에서 지역의 유력 양반들이 조직한 자치 기구다. 과거에 급제하고도 관직을 받지 못한 선비, 은퇴한 관료, 유력 가문의 인사 등이 주축 멤버였다. 조선 건국과 함께 자연스럽게 조직됐는데, 고려가 망하면서 많은 관료가 낙향한 시대적 배경도 작용했다. 처음엔 악질 향리(鄕吏)를 규찰하고 향풍을 바로잡는다는 등 명분도 그럴듯했다. 하지만 그럴싸한 명분이 자신들을 위한 이해도구로 변질되는 것은 그리 오래 걸리지 않았다. 지방 수령을 보좌하는 자문 기관 정도의 성격을 가진 유향소가 점차 양반을 위한 이익집단이자 통치 기구로 변모한 것이다.

사림파는 고상한 이념을 들고 나오긴 했지만 현실적으로 오랫동안 굶주린 '배고픈' 세력이기도 했다. '돈과 밥'이 샘솟는 권력으로부터 너무 오랫동안 떨어져 있었다. 그래서 이들은 기득권을 지켜줄 장치를 확보하는 데 관심이 많았는데, 1차적으로 노린 것은 과전법(科田法) 부활이었다.

과전법이 무엇인가. 관직이나 품계에 따라 관료와 그 가족에게 땅을 주는 제도다. 현직뿐 아니라 전직에게도 줬다는 점에서 요즘 말로 표현하면 '철밥통'이었다. 심지어 토지를 받은 관료가 사망해도 과부와 미성년자 자녀를 둔 집안은 땅을 계속 보유할 수 있게 해줬다. 사대부 집안은 품위를 유지해야 한다는 이유를 내세웠다. 조선은 사대부와 관료에게 더없이 좋은 나라였다. 그러니 사림들이 이런 꿈 같은 제도를 복구하려 했던 것은 당연한 일이었다.

과전법 대신 유향소 챙긴 사림

그런데 문제는 당시 조선에 충분한 토지가 없었다는 점이다. 이미 세조 때부터 땅이 부족해 현직 관료에게만 나눠주는 직전법(職田法)으로 바뀐 상황이었다. 성종 때라고 나아졌을 리가 없었다. 그러니 과전법을 부활시킨다는 것은 애당초 무리였다.

사림이 꺼낸 '플랜 B'가 세조 때 혁파된 유향소의 부활이다. 사림파가 모두 지방 출신은 아니었지만 지방과 특수 관계로 묶인 경우가 많았다. 지방 출신으로 과거에 급제해 한양에 올라온 인사들도 있었고, 김종직과 정여창처럼 지방에 대토지 농장을 소유한 인사들도 있었다. 실제로 성종 때 유향소를 복구해야 한다고 강력히 주장한 주인공이 바로 사림의 종주로 일컬어진 김종직이었다.

자신들의 경제적 기득권을 보호하고 향촌 사회에서의 신분제적 우위를 확고히 하려면 유향소가 필요했다. 유향소가 있으면 설령 중앙에서 관직을 잃고 권력을 잃더라도 지역에 구축한 '성리학 월드'에서 평생 존경받으며 명예로운 여생을 보장받을 수 있었다. 그렇게 지내다가 시대가 바뀌면 다시 정치적으로 재기를 모색할 수도 있었다.

이뿐만이 아니다. 유향소는 과거에 급제하지 못한 사대부 계층을 달래는 수단으로도 유용했다. 입신양명의 기회와 수단이 성리학적 지식으로 한정된 조선에선 과거 급제의 문이 갈수록 좁아지고 있었다. 그래서 과거에서 낙방한 사대부들이 사회 불만 세력으로 자라지 못하게 관리하는 것도 중요했다. 쉽게 말해 배지를 달지 못한 '정치 낭인'에게 지방에서나마 한 자리를 차지할 수 있게 해주는 데 유향소의 또 다른 가치가 있었다. 이렇게 해서 성종 시대 복구된 유향소는 사림의 의도대로 굴러갔다. 유향소의 임원은 향리를 감찰하고, 수확물의 일부를 내는 조(租), 부역을 제공하는

용(庸), 지방 특산물을 내는 조(調) 등 향촌의 부세 징수권도 관장했다.

유향소 통해 향리 집단을 지배

사대부가 지역에서 주도권을 잡기 위해선 반드시 손아귀에 넣어야 할 세력이 향리였다. 향리는 지방에서 행정 실무를 담당하는 하급 관리다. 지금으로 치면 하위직 공무원이라고나 할까. 지방 호족장의 후예인 이들은 고려까지만 해도 양반과 별다를 것 없는 지위를 누렸다. 그러나 조선이 들어서고 성리학적 소양을 갖춘 사족을 우대하면서 지배계급에서 점차 멀어져갔고, 조선 중기에 이르면 중인 계급 정도로 고정되어 유향소 양반들의 '집사' 같은 존재로 전락했다.

양반들이 향촌에 '성리학 월드'를 구축해 기득권을 독점하려면 행정 실무 집단이면서 지방의 사정에 정통한 향리 집단보다 우위에 있어야 했다. 그래서 유향소를 세운 양반들은 한때 경쟁자였던 향리 집단을 철저하게 억눌렀다.

여기서 주로 이용된 것이 '악적(惡籍)'이다. 유향소에서 향촌 사회 운영에 해악을 끼치는 악행을 기록한 장부다. 일종의 유향소판 '데스노트'였다. 당연히 악적에 기록된 사람들은 대부분 향리였다. 대개 사대부나 양반을 능욕해 성리학 명분을 어지럽히거나 향리의 권한을 남용했다는 이유 등으로 처벌 대상이 됐다. 짐작할 수 있지만 '귀에 걸면 귀걸이, 코에 걸면 코걸이'로 악용될 소지가 다분했다. 실제로 사유도 없이 악적에 적어버리는 일도 많았다.

악적에 기록되면 '영불허임(永不許任)'이라고 해서 향리 직임에 다시 임명되지 못하게 하거나, 상급 관아에 고하여 형벌에 처했다. 그래서 향리는 점점 양반에게 종속되어갔는데, 심지어 일부 양반은 향리를 자신의 여종과 결혼시킨 뒤 하인처럼 부리는 일도 벌어졌다. 이것은 조선의 관치행정을 뿌리째 흔드는 일이었다.

향리를 제압한 향촌 사회는 사대부의, 사대부에 의한, 사대부를 위한 공간이 됐다. 지방 수령에 따라 차이는 있었지만 대부분의 유향소는 요역의 징수, 공물과 공납, 환곡 등을 조정하는 권한을 인정받았다. 사실상의 관청이나 다름없었다. 이미 유향소 복구 논의 때 이러한 우려가 있긴 했지만 사림의 뜻에 따라 간단히 무시됐다.

유향소를 중심으로 양반들은 세금 면제 등 자신들의 특권과 대우를 공고히 했고, 백성이 자신들의 농장에서 일하게 했다. 향촌 권력이 유향소로 집중되면서 지방 수령도 이들의 눈치를 볼 수밖에 없었다. 중종 때는 "그 사나운 폐해가 이적보다 심하니 이런 풍조를 제거하지 않고는 장차 나라를 다스릴 수가 없습니다"라는 보고가 올라오기도 했지만 사정은 바뀌지 않았다.

양반들은 이런 특권을 공고하게 유지하기 위해 향안(鄕案)이라는 사족의 명부를 작성하고, 향약이나 향계 등을 이용해 배타적 지배 체제를 형성했다. 향안은 일종의 특권층 리스트였다. 조지 오웰의

《동물농장》의 문장을 빌리자면 '모두가 평등하지만 조금 더 평등한 사람들'의 명부였다. 또한 양반을 비롯한 모든 계층의 사람을 포함한 향약을 만들어 이를 지키지 않으면 향촌 사회에서 퇴출했다. 자치라는 그럴듯한 명분이 있었지만 사실상 양반을 위한 '법 위의 법'에 불과했다.

현대판 유향소를 추진하는 이유

문재인 정부가 들어서고 7개월 후인 2017년 12월 행정안전부가 혁신읍면동 사업을 추진한다고 법안을 내놨을 때 깜짝 놀랐다. 사림이 향촌 사회를 장악한 방식과 너무나 흡사한 모델을 제시해서였다.

당시 정치권의 상황을 전한 신문 기사를 살펴보자.

"가장 논란이 큰 사업은 혁신읍면동사업(행정안전부)이다. 주민자치회 간사 200명(연봉 2,500만 원), 중간지원조직 전문가 60명(연봉 3,000만원)을 채용하며, 전국 규모로 확대되면 2020년까지 각각 간사는 3,500명, 중간지원조직 전문가는 684명 증원된다. 이 경우 인건비는 연간 1,080억 원까지 늘어난다. 행정안전부는 이 외에도 '지역거점별 소통협력공간' 운영 인력 45명(연봉 5,000만 원), 국민 참여 사회문제해결 프로젝트 혁신코디네이터 60명(연봉 4,300만 원) 채용을 추진하고 있다.

이밖에 문화체육관광부는 지역문화진흥 사업 담당 문화재생 커넥터 15명(연봉 4000만 원)을, 국토교통부는 도시재생사업 코디네이터 및 활동가(인건비 및 역량 강화 예산 15억 원)를 채용하겠다고 밝혔다." 〈중앙일보〉 2017년 12월 2일 자 '혁신예산 연봉 수천만 원 지급… 시험 없는 공무원 논란'

"정치권에서는 박원순 서울시장의 마을공동체 사업의 전국판 버전으로 보고 있다. 박 시장은 마을공동체 975개 설립, 마을활동가 3,180명 양성을 목표로 2012년부터 사업을 추진해왔다. 선거법 위반 등이 적발된 적은 없지만 시의회 야당 측에서는 세금으로 좌파 운동가들을 위한 정치적 사업이라고 비판해왔다." 〈중앙일보〉 2017년 11월 28일 자 '430조 발목잡은 0.005% 예산, 혁신읍면동 사업 논란 왜?… '좌파 완장부대 사업' vs '주민자치 강화'

과연 성인들을 대상으로 수백억 원의 예산을 들여 민주주의를 확대하고 주민자치를 교육할 필요가 있을까. 일단 그런 자리에 참여할 만큼 한가한 사람이 있을지도 의문이지만, 만약 그렇다면 정규교육 과정에서는 도대체 무엇을 배운다는 것인가.

혈세에 빨대 꽂는 세력은 누구인가?

논란이 심해지자 여당인 더불어민주당은 결국 이 사업을 포기했다. 그래서 더 이상 이런 사업을 추진하지 않으려는 줄 알았다. 그런데 2021년 1월 초 김영배 더불어민주당 의원이 발의한 법안을 보니 그건 아닌 듯하다. 풀뿌리자치 활성화를 위해 읍·면·동에 주민자치회를 설치해 운영한다는 이 법안을 보면 현대판 '유향소'라고 해도 손색이 없다. 오히려 4년 전보다 더욱 강화됐다.

제13조(주민자치회 재정) ① 국가와 지방자치단체는 주민자치회 운영에 필요한 경비의 전부 또는 일부를 지원해야 한다.
② 국가와 지방자치단체는 읍·면·동 주민자치계획 실행을 위해 주민참여예산 정책 연계, 주민세 상당액의 주민자치활동 예산 편성, 특별회계의 운영 등의 적극적 지원 방안을 마련하여야 한다.
③ 주민자치회는 기부금을 받을 수 있으며, 설립 목적 범위에서 수익사업을 할 수 있다.
위원은 무보수 명예직으로 하되, 예산의 범위에서 수당과 실비를 지급할 수 있다.

주민자치회에서 기부금을 받는다면 어디서 나갈까? 십중팔구 이들의 눈치를 봐야 하는 기업이나 지역 자영업자 조직, 또는 지역 국회의원일 가능성이 높다. 이를 위한 인력도 선발해 (당연히) 세금으로 공무원급의 대우를 해준다.

제12조(주민자치회 사무국 설치) ① 주민자치회는 해당 사무를 처리하기 위하여 사무국을 두며, 그 업무를 수행하기 위한 적정 인력과 예산을 확

3장 사림의 위선, 586의 내로남불

보하여야 한다.

② 제1항에 따른 사무국의 직원(이하 이 조에서 '사무직원'이라 한다)은 지방자 치단체장에 의해 지방공무원으로 보하며, 읍·면·동에 배치한다.

③ 사무국의 인력과 예산 규모는 인구수와 지역 면적에 비례하여 구성 하며 구체적 사항은 대통령령으로 정한다.

④ 사무직원은 주민자치회의 추천에 따라 그 지방자치단체의 장이 임 명하며, 전문성 강화를 위해 직원의 일정비율을 임기제 공무원으로 보 한다.

⑤ 사무직원의 임용·보수·복무·신분보장·징계 등에 관하여는 이 법에서 정한 것 외에는 〈지방공무원법〉을 적용한다.

여기에 들어가는 예산을 국회예산정책처에서 환산해보니 향후 5년간 총 9조 2,439억 9,500만 원이 필요하다고 한다. 연평균 1조 8,487억 7,900만 원이 들어가는 셈이다. 과연 이 정도의 예산을 들 일 만큼 불요불급한 사업일까?

그 밖에도 주민자치회 및 주민자치 활성화에 기여하는 법인에 출 자·출연하게 대통령령으로 정한다든지, 읍·면·동의 직접 예산 편성 활성화 및 지방자치단체 사무의 읍·면·동 이양(이상 제18조), 국가와 지방자치단체는 주민자치 활성화를 위해 국·공유재산이 필요하다고 인정하면, 이를 주민자치회에 우선 매각하거나 무상으 로 대여·사용하게 할 수 있다(제21조) 등의 내용은 전형적인 유향 소가 누렸던 특권에 가깝다. 정말 이들의 행태를 보노라면 조선 시대 사림에 대한 공부를 치열하게 했거나, 혹시 사대부들이 코치라도 해주는 것 아닐까 싶은 생각이 들 때가 있다.

서원을 통해 중앙 정계를 좌우

유향소가 자치라는 이름으로 행정력을 동원해 향촌 사회를 사대부 이권 조직으로 바꿨다면, 서원은 이데올로기 측면에서 이를 뒷받침하는 기구였다. 이 두 기관은 사대부의 세상을 위해 서로를 떠받쳐 주는 기둥 같은 존재였다.

서원은 그런 권위를 이용해 지역 여론을 이끌어나가는 한편, 효자와 열녀를 표창하고 윤리에 어긋나는 행동을 한 사람을 성토했다. 이황과 송시열 같은 인사들이 바로 이런 서원을 기반으로 학계와 지역을 장악하고, 감투 하나 쓰지 않은 채 중앙 정계를 좌지우지할 수 있었다.

조선에서 서원이 처음 설립된 것은 1542년이었다. 당시 경북 풍기 군수였던 주세붕(周世鵬)이 고려 후기 원나라에서 성리학을 도입한 안향을 추모하기 위해 백운동서원(白雲洞書院)을 세운 것이 시초다. 이곳은 나중에 이황이 국가적인 지원을 건의하고 명종이 서적 등의 물자를 하사하며 소수서원(紹修書院)으로 바뀐다.

이황은 전국에 서원 보급을 진작한 인사다. 그는 조광조가 강조한 도학 정치가 자리 잡으려면 지역에서 성리학적 교화가 선행되어야 한다고 봤다. 탄탄한 거점이 마련되기 전에 나섰다가 화를 당한 기묘사림의 전철을 되풀이하는 건 더 이상 안 된다고 생각했을 것이다. 그렇게 해서 명종 대 건립된 서원은 17개소, 이것이 선조 대에는 100개가 넘고, 18세기 중반에는 700여 개소에 달했다.

사림으로서는 각 지역 거점을 확보한 셈이었지만 국가적으로는 전혀 바람직하지 않았다. 서원에 딸린 토지에는 세금이 부과되지 않았고, 서원의 노비는 국역(國役)도 지지 않았다. 서원이 증가할수록 국가 재정에는 문제가 생겼다. 사림은 각종 명목으로 지역 농민들을 수탈했고, 이에 반발하면 반상의 도리를 어긴다거나 양반을 업신여겼다면서 향약을 근거로 처벌하고 지역 사회에서 매장해버렸다. 이래서는 고려 말 폐단을 일으킨 불교의 사찰과 다를 게 없었다. 한편으로는 임진왜란과 병자호란을 겪고도 사림이 무너지지 않고 각 지역에서 지배권을 유지할 수 있었던 비결이기도 했다.

이렇게 물적·인적 자본을 확보한 사대부들은 왜란에서 민병대인 의병을 일으켜 자신들의 지역 기득권을 필사적으로 수호했고, 전쟁이 끝난 뒤에는 그것이 중앙 정계는 물론 지역의 지배권 강화로 이어졌다.

왜 임진왜란에서 활약이 돋보였던 의병이 병자호란에서는 안 보였을까? 물론 병자호란이 2달 만에 끝났다는 점도 있지만, 한편으로는 서북 지역에는 영남 같은 재지사족이 없었던 탓이기도 하다.

사림은 조선 초기 공신 집단의 타락과 부패를 지적하는 명분론을 앞세운 정치적 소장파에서 출발했다. 하지만 이제는 사림을 능가

하는 기득권층은 없었다. 이들은 도덕 자본과 정치 자본에 이어 지역의 행정권까지 흡수했다. 설령 사림에 반대하는 세력이 정권을 잠시 잡는다 하더라도 그것은 사방에서 몰아치는 파도에 금세 무너질 수밖에 없는 모래성에 불과했다. 이제 사림이 장악한 조선은 어떻게 달라졌는지 살펴보기로 하자.

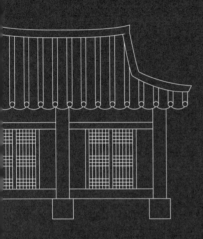

"군자와 소인은 같은 조정에서 함께 일하기가 어려운 것입니다. 군자를
진용(進用)하면서 소인도 몇 사람씩 등용하면, 군자는 두렵고 의심스러워
그 마음을 다할 수 없습니다. 그리고 소인을 물리치되 멀리 내쫓지
아니하면, 소인은 반드시 앙심을 품고 틈과 기미를 보아 그의 흉모를
부리는 것입니다. 그러므로 옛날 밝은 임금은 소인을 물리칠 때에는 밝게
살피고 엄하게 결단하여, 먼 곳으로 내침으로써 그 근거를 뿌리 뽑고
자라나지 못하게 하는 것입니다."

《중종실록》 13년 5월 19일

4장

군자와 소인,
사림의
당동벌이

'당동벌이'의 사림 정치

"지금의 당인(黨人, 여기서는 소론을 의미)이 유학의 시비에서 단서를 일으키고 군부(君父)의 처분에서 원한을 쌓아 기회를 따라 흉폭함을 풀고 일에 따라 악독함을 더하니 (…) 대개 그 근본과 연원은 내력이 있는 것입니다. 오늘날 군주를 업신여긴 적(賊)은 모두가 지난날 스승을 배반한 무리들이니, 또한 그 이치와 형편이 스스로 그렇게 된 것입니다."

《영조실록》 1년 1월 12일

북한 조선중앙통신을 연상케 하는 험악한 이 발언은 영조 때 노론에 속했던 한계진(韓啓震)이 소론을 성토하며 올린 상소다. 소론과 노론은 숙종이 죽고 난 뒤 각각 경종과 영조를 지지하면서 조선후기 정권을 다툰 정적이자 라이벌 관계였다.

하지만 한계진의 발언을 보면 이들은 서로에게 정치적 라이벌이라기보다는 근본이 부정해서 존재해서는 안 되는 집단일 뿐이다. 결국 '상대'로서 인정할 수 없다는 이야기인 셈이다.

《조선왕조실록》을 읽다 보면 정치 세력 간의 싸움은 결국 누가 군자고 누가 소인이냐를 가리는 대결로 압축된다. 어떤 정치 세력이나 누군가를 자리에서 끌어내릴 때 빌미가 되는 것은 정책의 실패보다는 상대의 마음이나 의도가 바르지 못하다는 점이었다.

예를 들어 형조판서를 파직해야 한다면 그것은 그가 법률을 잘못 다루었기 때문이 아니라 '속이 좁고 용렬하고 학문이 거짓되고 마음가짐이 틀려먹었기 때문'이다. 한마디로 그는 '소인배'이고 '악인'이기 때문에 관직에 있으면 안 되는 사람이다. 어찌 보면 궁예의 '관심법(觀心法)'인데, 조선에서는 그것이 상대에게 가장 치명적인 타격을 줄 수 있었다.

당동벌이(黨同伐異). 옳고 그름을 떠나 한 무리에 속한 사람들이 다른 무리의 사람을 무조건 배격하는 것을 가리킨다. 조선 시대 붕당은 서로 상대방은 '소인'이라고 공격했고 자신은 '군자'라고 치켜세웠다.

우리는 정학(正學)을 추구하는 그룹이고, 다른 정파는 사문난적이었다. 군자냐 소인이냐가 능력보다 중요한 가치와 기준이었고, 그에 따라서 관직을 맡길 수 있는지 없는지도 결정됐다.

'군자 vs 소인'의 공방이 본격적으로 시작된 것은 사림이 등장한 성종과 중종 때다. 훈구 세력을 비판하면서 입지를 확보했으니 당연하겠지만 통계로도 입증된다.

《조선왕조실록》에 '군자'라는 단어는 중종(654회), 성종(435회) 시대에 가장 많이 등장한다. 조선 왕조 518년 동안 3,730회 나타났는데 이 중 1,089회(29.2%)가 두 왕의 재위 기간(63년)에 집중되었으니 얼마나 군자 과잉의 시대였는지 짐작할 수 있다.

사림의 위세가 등등하던 중종 13년 삼사(사헌부, 사간원, 홍문관)의 요구로 공신들이 자리에서 쫓겨나던 때는 이런 상황을 잘 보여주고 있다. 공신 조계상(曹繼商)은 "의로운 사람들을 몰락시킬 모의를 했다"라고 삼사의 탄핵을 받아 예조참판에서 해임됐고, 공신 장순손(張順孫)은 삼사가 "모든 사림을 일거에 쓰러뜨리려고 은밀히 선동한다"라고 주장해 형조판서에서 물러났다. 또 훗날 사림으로부터 '악의 축'으로 지목받은 공신 심정(沈貞)은 "사악하게 기만적인 경향(의 인물)"이라는 대간의 주장에 따라 한성부 판윤에서 해임됐다.

사림이 주장하는 '모의', '선동', '경향'은 모두 심증에 붙인 불온하다는 '딱지'였다. 요즘 말로 하면 '냄새가 난다'라는 이유로 자리에서 물러나야 했다.

공신뿐 아니라 비(非)사림 인사 중에서도 상당수가 이런 식으로 낙인이 찍혀 고위직에서 쫓겨났다. 사림이 볼 때 '우리 편'이 아니면 이렇게 소인배로 찍혔다는 이야기다.

자신은 '군자당', 반대파는 '소인당'

그래서 성종 때 우의정을 지낸 허종(許琮)은 "세종의 치세 30여 년 동안에도 남을 지목하여 '군자'니 '소인'이니 하는 일은 한 번도 없었습니다. 이러한 일은 옛날 송나라에서나 있었던 일로서 아주 불미스러운 현상입니다"(《성종실록》 24년 11월 3일)라고 한탄하기도 했다. 허종은 평안도 관찰사·전라도 병마절도사 등을 거쳐 병조판서에 올랐다. 여진족 우디거(兀狄哈)가 함길도 방면으로 침입했을 때는 북정도원수(北征都元帥)로 군사를 이끌고 나가 격파했다. 그뿐만 아니라 대사헌·이조판서·우의정도 역임한 그는 문무를 겸비하고 경륜이 풍부한 인사로 신망이 높았다.

허종 같은 비사림 인사가 볼 때 사림은 자신들에게 동의하지 않으면 '소인배'라는 딱지를 붙이는 데 주저하지 않았고 언론을 담당하는 삼사를 장악해 여론의 공격을 유도했는데, 이것은 이전에는 없었던 특이하고도 우려할 만한 현상이었다.

허종이 '송나라에서나 있었던 일'이라고 지목한 것은 이유가 있다. 송나라는 신유학(성리학)파가 형성되면서 조정이 서로를 군자당 소인당으로 비난하며 극렬하게 정치 투쟁을 벌이다가 결국 거란(요), 여진(금), 몽골(원) 등에 침입당하며 나라가 무너졌다. 조선 전기만 해도 군자니 소인이니 하는 논쟁은 송나라처럼 망해가는 '망국의 신호'였고, 정치가들에게 붕당은 극히 경계되던 사안이었다. 훗날 조선의 역사를 생각해보면 송나라는 조선의 오래된 거울과도 같았고, 허종의 염려는 적절했다.

이 문제를 공개적으로 나서서 지적한 것은 허종뿐이 아니다. 원로대신 노사신(盧思愼)도 국왕에게 상소를 올려 사림의 정치가 일으킨 폐단을 구체적으로 지적했다.

> "대간이 말을 내놓으면 홍문관이 잇따르고, 홍문관이 말을 내놓으면 태학생(太學生, 성균관을 가리킴)이 잇달아서, 갑이 부르면 을이 화답하여 하나의 전례가 되어, 흠 없는 데서 흠을 찾고, 말 없는 데서 말을 만들어, 남이 혹시 자기와 달리하면 문득 헐뜯어 백단으로 추하게 나무라므로 공경(公卿) 대부가 그 입이 두려워서 감히 그 사이에 옳고 그름을 말하지 못하게 되니, 이것이 어찌 성세(盛世)의 아름다운 일이며 조정의 체통이라 하겠습니까. 이와 같은 습속은 옛날에도 없었고, 우리 조정에 이르러서도 역시 없었습니다." 《연산군일기》 1년 7월 19일

'감히' 사림을 비판한 죄로 대간에게 맹공을 받은 그는 "신의 나이 이미 70세가 되고, 지위도 이미 극에 달하고, 언제 죽을는지 모르는데 다시 무슨 욕망이 있어 마음속에 품어온 것을 실현시키려고 하겠습니까"라며 사직을 청했다.

그렇다고 노사신이 사림에 무조건 적대적이었던 것만은 아니었다. 그는 사림의 폐해를 지적했지만 연산군 때 유자광(柳子光) 등이 무오사화를 일으켰을 때는 반대 입장을 분명히 했다.

"좌우가 다 묵연히 말이 없었는데, 유독 노사신이 손을 저어 말리면서 하는 말이 '무령(武靈, 유자광)은 어찌하여 이런 말을 하오. 저 당고(黨錮)의 일을 들어보지 못했소. 금망(禁網)을 날로 준엄하게 하여 선비들로 하여금 족적을 용납할 곳이 없게 하다가 한(漢)나라도 역시 망하고 말았으니, 청론(淸論)을 하는 선비가 마땅히 조정에 있어야 하오. 청론이 없어지는 것이 국가의 복이 아니거늘, 무령은 어찌 말을 어긋나게 하오' 하였으니, 유자광은 노사신의 말을 듣고 조금 저지되기는 했으나 (…) 각기 양론을 아뢰었는데, 왕은 자광 등의 의논을 좇았다."

《연산군일기》 4년 7월 29일

사림의 부활은 연산군의 '유산'

2차례 사화를 일으킨 연산군은 분명 폭군이었다. 그는 용납되기 어려운 악행들을 저질렀고, 첫 번째 반정의 '제물'로 올려지기에 충분했다. 하지만 그렇다고 해서 연산군의 정치 모두가 '악(惡)'이라고 규정될 수 있는 것은 아니다. 정치라는 것은 칼로 두부를 자르듯 선과 악으로 딱 떨어지게 두 동강이 나지는 않는다.

앞서 원로대신들처럼 연산군이 사림 정치에 대해 경계한 것은 나름 수긍할 만한 구석도 있었다. 비록 사화라는 극단적인 형태로 분출했지만 말이다. 에드워드 와그너 하버드대 교수는 이렇게 분석한 적이 있다.

4장 군자와 소인, 사림의 당동벌이

"(연산군은) 당시 사회의 정치적 병폐를 예리하게 통찰했다. 다만 정치적 병폐를 시정하기 위해 그가 취한 방법은 지나친 방종과 너무도 옹졸한 압제 그리고 너무도 혹독한 잔인성을 수반했으므로 본래 의도가 흐려졌다. 이것은 그가 지향한 목적을 위해서나 조선 왕조를 위해서나 불행한 일이다. 그의 시도는 실패했으나 그보다 더 불행한 것은 그의 태도로 말미암아 그가 애써 없애려고 한 바로 그 악들이 이제는 오히려 숭앙의 대상이 되었다는 사실이다." 《조선왕조 사회의 성취와 귀속》

와그너 교수의 분석은 중종반정 이후 사림파가 날개를 펼칠 수 있었던 배경을 설득력 있게 설명하고 있다. 와그너의 주장을 더 들어보자.

"만약 연산군이 악하다는 것이 세상 사람들이 모두 인정하는 사실이라면 그의 폭정 아래 탄압받은 사람이나 제도가 좋지 않다고 말할 수 있는 사람은 아주 과감하고 특별한 인식을 가진 극소수에 불과할 것이다. 따라서 무오·갑자사화에서 희생된 사람들이 중종반정과 함께 복권되는 것은 당연한 귀결이고, 이들을 순절한 선비로 우러러보는 기풍이 생겨났다. 그 기풍은 이들이 목숨까지 바쳐가며 지키려 했던 원리까지도 거룩한 것으로 승화시키는데 충분했다. 이상과 같은 사실은 중종 초년에 신유학(성리학)이 인간의 개인적 정치적 행동의 기본 이념으로 급속도로 수용되어 간 배경도 설명해준다." 《조선왕조 사회의 성취와 귀속》

다시 말해 사림파가 도덕의 주인처럼 군림하고 정계에서 큰소리 칠 수 있었던 것은 '반정'이라는 갑작스러운 정치적 변동 덕분이라는 이야기다. 중종반정이 아니었다면 사림은 더 오랜 시간을 기다려야 했을 것이 분명하다. 정권을 잡는 것은 당분간 포기한 채 지역으로 내려가 서원이나 유향소 등을 통해 학문적·문화적 우세를 점하는 작업을 이어가며 때를 기다릴 수밖에 없었을 것이다.

'박근혜 탄핵'과 586 세력의 부상

이것은 586 세력이 박근혜 전 대통령의 탄핵이라는 사건을 통해 갑작스럽게 주류로 부상한 이유도 설명해준다.

586들은 민주주의라는 토양에서 태어나 자랐고, 박정희—전두환 세력의 쿠데타에 분개했으며, 5.18이라는 트라우마를 갖고 있었다. 또한 《해전사》 등의 영향을 받아 '미제'의 도움으로 대한민국을 건국한 이승만·김성수보다는 건국을 반대하거나 '민족자주정권'인 북한을 건국한 김일성·박헌영·김원봉 등에게 더 정통성이 있다고 보는 분위기 속에서 성장했다. 586과 그 주변 세력은 정서적으로 단단히 묶여 있었고, 이를 바탕으로 문화·교육 등에서 강력한 카르텔을 형성하고 있다.

그래서 이들과 뜻을 함께하는, 또는 동일한 세계관을 가진 감독이나 연출가들이 만드는 영화, 연극 등 문화 콘텐츠나 교육 기관

등을 통해 수십 년에 걸쳐 자신들을 정당한 민주 권력의 계승자로 각인하는 데 많은 노력을 기울였다.

한국 영화에서는 왜 1980년대가 유독 많이 다뤄지는 것일까. 〈화려한 휴가〉, 〈1987〉, 〈택시 운전사〉, 〈꽃잎〉 등 우리나라 영화를 보면 근현대사는 1979년 박정희 전 대통령의 죽음에서 1987년 민주화운동까지의 8년만 존재하는 것 같다. 1960년대나 1970년대는 그냥 '존재하지 않는 시대'처럼 지나친다. 그러다가 설령 〈국제시장〉 같은 영화가 나오기라도 하면 "토 나온다"(허지웅 문화평론가) 같은 냉소가 쏟아지거나 무시당하는 게 일쑤다. 연극도 사정은 크게 다르지 않다. 주요 시기마다 1980년대만 유독 재소환되는 이유는 무엇일까. 그리고 이런 문화 콘텐츠를 통해 직접적 이득을 누리는 것은 누구일까. 나는 586 정치인들과 그 주변 세력이라고 본다.

이러한 작업이 20~30년간 진행된 만큼 소프트파워에서 이들의 기반은 대단히 단단하다. 이들의 문화적 세례를 받고 자라난 40대에서 '아무리 민주당이 국정을 엉망으로 운영해도 도저히 국민의힘(보수 정당)은 못 찍는다'라는 이야기가 괜히 나오는 게 아니다.

물론 탄핵이 아니었어도 586 세력 중 일부는 유력 정치인이 됐겠지만, 탄핵이라는 사건은 그것을 보다 급격하고 과격한 방식으로, 또 대규모로 이끌어냈다. 자신들만이 역사를 정(正) 방향으로 이끈다는 이미지를 획득하고 여론의 지지를 얻은 이들은 이후 2018년 지방선거와 2020년 총선에서도 승리하며 지방 권력과 의회 권력을 장악하는 데 성공했다. (2021년 치러진 서울 시장과 부산 시장 보궐선거에서는 야당이 승리하며 작은 균열이 생겼다.)

"군자와 소인은 함께하기 어렵다"

사림이 현량과라는 정치적 무리수에 집착한 것도 당연하다. 현량과가 제대로 자리 잡으면 조정엔 소인배가 점차 사라지고 군자로 들어차게 되니 얼마나 좋은 제도인가. 물론 여기서 군자는 자신들과 뜻을 같이하는 사람에 한정하지만 말이다. 조광조는 중종을 만난 자리에서 이같이 말했다.

> "군자와 소인은 같은 조정에서 함께 일하기가 어려운 것입니다. 군자를 진용(進用)하면서 소인도 몇 사람씩 등용하면, 군자는 두렵고 의심스러워 그 마음을 다할 수 없습니다. 그리고 소인을 물리치되 멀리 내쫓지 아니하면, 소인은 반드시 앙심을 품고 틈과 기미를 보아 그의 흉모를 부리는 것입니다. 그러므로 옛날 밝은 임금은 소인을 물리칠 때에는 밝게 살피고 엄하게 결단하여, 먼 곳으로 내침으로써 그 근거를 뿌리 뽑고 자라나지 못하게 하는 것입니다. 그들이 일단 자라나면 조처하기가 매우 어려운 법이며, 따라서 치란(治亂)과 안위(安危)의 기틀이 바로 여기에 달려 있는 것입니다." 《중종실록》13년 5월 19일

남곤 같은 이는 "인심이 순박하지 못하여 교사(巧詐)한 마음이 날

145

로 늘어나, 공도(公道)로 과거를 설치하고 사람을 뽑게 하였는데도 중간에 각종 폐단이 생겼는데 하물며 천거의 공정을 바랄 수가 있 겠습니까? 마땅히 신중하게 다루어야 합니다"라고 반박했지만, 그 것은 남곤이 '소인'이기 때문이라는 식으로 가볍게 일축됐다. 현실 을 고려하지 않는 이상론적인 정책을 펼치고, 그에 대한 지적이 나 오면 '소인배'라고 공격하면서 이를 돌파하려고 했다. 이것은 사림 의 전형적인 방식이었다.

사림의 흑백론, 선악론, 군자-소인론은 그에 속하지 않는 사람 들에게 거부감을 일으킬 수밖에 없었다. 수원 부사 이성언(李誠彦) 이 "그들은 단번에 요순의 세상을 재현하려고 서두른 나머지 자기 네와 뜻을 같이하는 자는 선인이라 하고 달리하는 자는 악인이라 고 합니다. 그리하여 국사를 논의할 때 혹 자기들과 의견이나 방 식을 달리하는 사람이 나타나면 혹은 공론을 억누른다고 비난하 고 혹은 심술이 악한 사람이라고 욕하며 당장 의혹의 눈으로 봅니 다"(《중종실록》 12년 10월 10일)라고 지적한 것은 비사림 세력이 느낀 피로감을 보여준다. 그렇지만 이런 고언은 소용이 없었다. 이미 중 종 자신이 군자-소인론에 심취되어 있었기 때문이다.

중종 13년(1518) 5월 한양에 큰 지진이 났을 때 중종은 이렇게 분 석했다.

"소인이 지금이라고 반드시 없다고 할 수는 없다. 군자를 해하고자 하 여 때를 보아 몰래 일어나는 것이다. 그리고 재변을 가지고 본다면 음

(陰)이 성하고 양(陽)이 쇠한 것이니 소인이 있는 것이 아니겠느냐?"

"내 생각으로는 지금의 급무(急務)는 군자가 조정에 가득 차게 하는 데 있으니, 그렇게 되면 소인은 저절로 용납되지 못할 것이다. 군자를 불러 써서 천변(天變)에 응답하면 재변을 막는 길은 이보다 더 큰 것이 없을 것이다."
《중종실록》 13년 5월 16일

그래서 유관(柳灌)은 기묘사화 이후 중종의 책임을 신랄하게 지적했다.

"저 사람들은 경학으로 보도(輔導)하여 하였으므로 물정에 거스르는 것이 많았거니와, 사람을 배척한 것도 큰 잘못입니다. 조금만 저희와 다른 뜻을 가진 사람은 소인이라 지칭하여 매우 배척하였으므로 사람들이 입을 열지 못하였으니 대신들이 억제해야 할 터인데 못하였으므로 워낙 그 책임을 면할 수 없으나, 한갓 대신이 막지 못한 것이 아니라 임금께서 매우 신임하셨으므로 대신들이 임금의 뜻을 몰라서 막지 못한 것입니다."
《중종실록》 14년 11월 29일

군자와 소인의 논쟁이 끼친 악영향

조선의 정치 세력은 붕당을 통해 치열하게 경쟁했고 정권 교체도

4장 군자와 소인, 사림의 당동벌이

여러 차례 경험했다. 문제는 이들이 경쟁을 벌인 주제였다.

이들은 나라를 어떻게 부강하게 만들 것인가 같은 비전을 놓고 정책 대결을 벌인 것이 아니라 누가 더 군자당인가 또는 누가 더 주자의 가르침을 제대로 이해하고 있는가 등을 놓고 글자 그대로 피 터지게 싸웠다. 심지어 성리학 외에 다른 학문에도 탄력적인 태도를 보였던 북인조차도 반대파를 숙청할 때는 '소인당'이라고 공격했다.

군자와 소인의 논쟁이 조선 사회에 끼친 악영향은 말할 수 없이 크다.

첫째, 정치에서 타협이 불가능해진다.

생각해보라. 군자가 어떻게 소인과 타협을 하겠는가. 조광조에 따르면 소인들은 "소인을 물리치되 멀리 내쫓지 아니하면, 소인은 반드시 앙심을 품고 틈과 기미를 보아 그의 흉모를 부리는" 세력이다. 따라서 이들을 축출하지 않으면 올바른 정치가 불가능해지고, 따라서 타협이라는 것은 있을 수 없는 일이다.

4대 사화로 존립이 위태롭다가 선조 대에 재등장한 사림이 각종 환국을 통해 피의 복수혈전을 거듭한 것은 이런 이유다. 환국의 근원에는 붕당의 힘을 견제하려는 국왕의 의도도 작용했지만 이를 이용해 상대를 궤멸하려는 각 당파의 의지도 강력하게 개입됐다. 이처럼 군자-소인의 세계관은 상대의 존재 가치를 철저하게 부정하기 때문에 타협의 여지를 좁히고 극단적인 대결 투쟁으로 이끌고 갔다.

둘째, '내로남불'이 활성화된다.

설령 군자당에서는 어떤 일을 추진할 때 절차상 중대한 흠결이 발견되어도 이것은 결코 나쁜 의도에서 나온 것이 아니라 '절차상의 실수'이거나 '선한 결과를 위해 거쳐야 할 과정'이니 크게 문제 삼아서는 안 되는 것이다. 그래서 조선 후기 군자당을 자임했던 노론의 김종수(金鍾秀)는 "작은 흠이 있다는 이유로 군자를 버리고 재주가 있다는 이유로 소인을 등용하면 국가가 망할 것"이라면서 인재는 노론에서만 등용해야 한다고 주장하기도 했다. 군자는 설령 '작은 흠'이 있어도 큰 틀에서 보면서 그냥 넘어가 주는 게 사회를 위한 길이라는 견강부회다.

남이 하면 '적폐', 자기가 하면 '적법'

문재인 대통령이 취임사에서 "야당은 국정 운영의 동반자"이니 "대화를 정례화하고 수시로 만나겠다"라든가, "낮은 사람, 겸손한 권력이 돼 대화하고 소통하는 대통령이 되겠다"라고 했지만 정작 더불어민주당이 거대 여당이 된 뒤 타협과 소통은 설 자리가 없어졌다는 비판이 적지 않다. 물론 야당의 문제점도 지적해야겠지만 총선 승리 후 국회 상임위원장을 모두 차지한 것 등은 과거 비슷한 의석수를 차지한 이명박 정부 시절 한나라당과 비교해도 한층 심각해졌다는 것을 부인하기는 어렵다.

하지만 민주당의 주류인 친문 586 세력의 시각에서 국민의힘은 친일파의 후예이고 군사정권의 명맥을 이은 적폐의 본산이다. 이런 집단과 무슨 타협을 하겠는가. 친문 586과 지지자들에게 국회는 타협의 공간이 아니라 선과 악의 대결장, 즉 정의를 실현하는 장이다. 상황이 이러하니 설령 타협을 하고 싶어도 어려운 처지다. 지금까지 선과 악의 대결로 지지를 호소해왔던 지지자들에게 어떻게 설명하겠는가. 설마 지금까지 자신들이 해왔던 이야기가 모두 정치적 프레임을 씌우기 위한 작업이었다고 말할 수 있을까. (물론 일부는 진심으로 이분법적 세계관에 빠져 있을 것이다.)

'DNA가 다르다'라고 자부하는 문재인 정부에서 인사청문회의 야당 동의 없이 임명을 강행한 장관급 인사는 총 31명(2021년 5월 현재)이다. 노무현 정부(3명)와 이명박 정부(10명), 박근혜 정부(17명) 때 임명 강행한 인사를 합한 숫자를 넘어섰다. 여당이 18개 상임위원장까지 독식하면서 최소한의 인사 검증도 그냥 통과하기 일쑤다. 문 대통령은 야당이 문제를 제기하면 "인사청문회 과정은 흠집내기 식"(2017년 김상조 공정거래위원장)이라거나 "개혁성이 강할수록 어려움을 겪어"(2019년 조국 법무부 장관) 등의 발언을 했다. 임기가 끝나기도 전에 야당이 지적한 문제들의 진위가 명백하게 드러났지만 말이다.

사찰 의혹이 일었을 때도 청와대에서는 "문재인 정권의 DNA에는 민간인 사찰이 존재하지 않는다"라며 일축했다. 이에 대해 진중권 전 동양대 교수는 칼럼을 통해 이같이 지적했다.

"왕후장상에 어디 씨가 따로 있던가. 마찬가지로 블랙리스트 만드는 잡것들에 씨가 따로 있는 게 아니다. 그런데도 그들은 어떤 알 수 없는 이유에서 자기들은 씨가 다르다고 굳게 믿는다. 해괴한 나르시시즘이다. 자기들에게는 불법사찰의 DNA가 없단다. 그러니 자기들이 리스트를 만들었다면 그것은 블랙리스트일 수가 없는 것이다. 궤변이 예술(?)이다. 판결문에 '블랙리스트'라는 말이 없으니 블랙리스트가 아니란다. 판결문에 '퍽치기'라는 말이 없으니 '둔기로 두부를 가격해 금품을 탈취'했을 뿐 퍽치기는 안 했다는 논리다. (…) 이 나라에서 만물의 척도는 민주당이다. 같은 관행도 남이 하면 '적폐', 자기들이 하면 '적법'이다."

가덕도 신공항의 내로남불 정책

얼마 전 논란이 됐던 가덕도 신공항 개발 추진 과정을 보자.

여기서 신공항이 경남 지역의 경제 발전과 지방 분권에 얼마나 기여하는지를 다룰 필요까지는 없을 것이다. 다만 그 추진 과정을 떼어놓고 보면 과거 더불어민주당 측이 '적폐'라고 손가락질했던 그대로였다.

예를 들어 2008년 이명박 정부는 22조 원을 들여 4대강 사업을 하면서 예비타당성조사도 무시하고 강행했다. 당시 야당이던 통합민주당(더불어민주당의 전신) 의원들의 발언을 돌이켜 보자.

"22조 원이 넘는 천문학적 재정이 투입되는 4대강 마스터플랜을 예비타당성조사도 거치지 않고 6개월 만에 마련하고, 환경영향평가 협의를 4개월 만에 끝내고 착공한 사례는 세계적으로도 그 유례를 찾아볼 수 없다." (김성순 의원)

"주요 국가정책은 민의를 반영해야 하는데 최근 한국사회여론연구소 조사 결과 국민 56%가 4대강 사업에 반대했다. 또 예산 심의도 하기 전에 착공하고 국민 혈세 22조 원이 들어가는 사업을 예비타당성 조사 없이 진행한 것은 국가재정법 위반이다." (김재윤 의원)

"4대강 사업은 전체 사업 중 11%만 예비타당성조사를 했고, 최소 4개월이 걸리는 사전환경성 검토는 40여 일 만에 끝내는 등 날림으로 하고 있다." (전혜숙 의원)

그런 민주당은 2021년 부산 시장 보궐선거를 한 달여 앞두고 28조 원이 들어가는 가덕도 신공항 특별법을 예비타당성조사도 거치지 않고 통과시켰다.

어떻게 얼굴을 싹 닦고 추진할 수 있었을까? 그것은 자신들의 'DNA'가 다르다는 확신이 있기 때문이다. 민주당은 민주화를 위해 투쟁해온 민주 인사들이 정권을 잡은 '군자당'이기 때문에, 설령 과정상에 다소 하자가 있더라도 큰 결함이라고 볼 수 없다는 확신이다.

이러한 자신감은 문재인 대통령이 보궐선거를 앞두고 가덕도를 방문해 논란이 됐을 때, 정청래 더불어민주당 의원이 한 발언에서도 드러난다. 정 의원은 야당이 '선거 개입'이라고 비판하자 이렇게 대꾸했다.

"1967년 박정희 대통령은 국회의원 선거에 출마한 김대중 후보를 낙선시킬 목적으로 목포에서 국무회의까지 열었다고 한다. (…) 문재인은 박정희가 아니고 민주당은 공화당이 아니다. 박정희 DNA를 뼛속 깊이 보유한 국민의힘이 자라 보고 놀란 가슴 솥뚜껑 보고 놀라는 것은 알겠는데, 마음에 평상심을 장착하시라."

군자가 정치하면 모든 것이 좋아진다?

"세상의 도리가 망해가니 화란이 그 틈을 타서 일어났다."

노론의 유력 인사였던 한원진(韓元震)은 명나라의 멸망 원인을 이렇게 분석했다. 사림은 사회가 쇠락하는 원인을 시스템이나 정책이 아니라 도덕과 정통의 문제에서 찾았다. 반대로 말하면 도덕적으로 바른 목적을 갖는다면 정책이나 결과는 바르게 나오는 것이다.

즉, 좋은 목적에서 정책을 추진하면 나라도 잘 돌아가고 민심도 평안해진다는 논리에서 벗어나지 못했고, 상대방을 비난할 때는 마음이 바르지 못한 자들이 불량한 목적으로 추진하기 때문에 결과도 나쁠 수밖에 없다는 식이었다. 마찬가지로 정통 세력이 정치를 하면 저절로 언젠가는 정의롭고 바른 이상 국가가 될 수 있다고 믿었다.

그러니 24번이나 뜯어고친 부동산 정책도 언젠가는 '정의롭고 좋은 결과'로 이어질 것이며, 지금 이를 문제 삼는 것은 그들이 '투기 세력'이기 때문이다. 아무리 집값이 뛰어오르고 대출이 막혀도 그저 선한 의지를 갖고 추진하는 정부를 믿고 기다리면 모든 것이 좋은 결과로 돌아온다는 것이다. 그런 믿음과 확신이 있으니 '입 닥치고 있으라'라는 이야기도 할 수 있을는지 모른다.

> "더불어민주당 소병훈 의원은 23일 종합부동산세(종부세) 완화 등 부동산 규제 논의와 관련해 '더 이상 부동산 관련해서 쓸데없는 애기는 입을 닥치시기 바란다'라고 했다." 〈뉴시스〉 2021년 4월 23일 자

군자당은 주자의 가르침을 따라야 하고, 주자의 말씀은 일점일획도 고칠 필요가 없는 완전무결한 무오류의 정신이자 어젠다였다. 이것이 조선 후기의 정신이었다. 특정 정치인에 대한 맹목적 찬양이 횡행하는 요즘과 많이 다르다고 할 수 있을까?

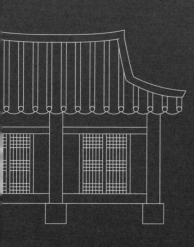

"조광조가 아뢰기를… '이적(夷狄)일지라도 사람의 마음이 있으니,
만약 성의로 움직이면 복종하지 않음이 없을 것입니다. 만약 이 일을
행하면 하늘도 옳게 여겨서 몰래 도와줄 것입니다. 바야흐로 왕도를
행하려 하시면서 어찌 차마 패도보다 낮은 일을 행하시겠습니까?'"

《중종실록》 13년 8월 18일

5장

이상주의자
조광조의 왕도

원·명 교체기와 고려 말의 혼란

고려 말 정치는 극도로 혼란스러웠다. 나라 밖으로 눈을 돌리면 원·명 교체기였고, 북방에서는 홍건적이, 남방에서는 왜구가 국경 안 깊숙이 들어와 약탈을 일삼았다. 100년 가까이 누리던 '팍스 몽골리카'는 해체되고 있었다.

나라 안도 어지럽기는 마찬가지였다. 몽골이라는 '우산' 속에서 기득권을 향유하던 권문세족과 불교의 부패가 정점에 달했다. 특히 토지를 둘러싼 사회적 모순은 더 이상 놔두기 어려운 수준이었다. 일부 가문이 대토지를 소유한 것도 문제였지만, 땅이 부족하다 보니 하나의 수조지(收租地, 곡식이나 세금을 거둘 수 있도록 관료에게 지급된 땅)가 여러 관료에게 지급되는 일은 국가의 기본 체제를 흔드는 일이었다. 죽어나는 것은 이중 삼중으로 세금을 뜯겨야 하는 힘

없는 백성들이었다.

당시 GDP라든지 세금 규모 같은 통계를 추정할 만한 자료는 마땅치 않지만 그 어느 때보다 급속도로 부의 양극화가 심화되고 약육강식 같은 논리가 지배했을 것이라는 건 상상하기 어렵지 않다. 조선 건국 세력이 토지 재분배를 들고 나온 것은 당연한 귀결이었다.

하지만 고려는 토지 문제에 기민하게 대책을 세우지 못했다. 추정해보면 이런 이유들이 있지 않았을까 생각한다.

첫째, 손쓰기에는 너무 악화된 상태였다.

당연한 이야기겠지만 이미 이중 삼중으로 겹쳐진 수조지를 조정하고, 권문세족 수중에 들어간 토지를 건드리는 것이 쉽지 않았다. 권문세족은 누세에 걸쳐 원나라, 고려 왕실 등과 연결되어 있어 이들의 기득권을 깨는 것은 한계가 명확했을 것이다. 정도전이 개혁보다는 혁명을 추구했던 것처럼 완전한 백지 위에서 판을 새로 짜지 않고는 토지 문제를 해결하기가 불가능해 보였다.

둘째, 토지 문제에 대한 이해도가 낮았다.

고려를 세운 왕건(王建) 집안은 예성강을 중심으로 한 상업 자본 세력이었다. 이런 배경 때문인지 상업과 무역을 장려했고, 또 원나라를 통해 세계 교역망과 본격적으로 연결되면서 이슬람과 페르시아 사람들이 들어와 가게를 열기도 했다. 정확한 통계는 없지만 국가 경제에서 농업이 차지하는 비중은 조선보다 낮았을 것이다.

그러다가 원나라를 통해 모내기 같은 선진 농법이 조금씩 도입되면서 농업 생산량이 급증했다. 고려 말 권력자들이 토지에 눈이 뒤집힌 것도 토지의 생산성이 이 시기에 급속도로 올라갔기 때문이다. 기존 집권층은 토지 문제를 풀 노하우가 아직 부족했을 것이다.

원나라에서 들어온 성리학

그래서 이 문제는 원나라에서 선진 학문을 익힌 신진 사류들이 본격적으로 다뤘다. 이 시기는 남송 시대 발달한 강남 농법 덕분에 중국에서도 토지에 대한 이해도와 중요성이 높아진 때였다. 또한 강남 지역에서 일어난 반란으로 원나라는 큰 위기에 처한 상황이었다. 이런 분위기가 원나라 유학파들에게도 영향을 끼쳤을 것이다. 그래서 조선 건국에 반대한 정몽주나 이색 같은 원나라 유학파 학자들도 토지 개혁만큼은 깊이 공감했다.

신엘리트 계층인 이들이 원나라에서 깊이 공부한 것은 성리학이었다. 송나라 때 시작된 성리학은 유학 중에서도 매우 사변적이고 도덕 지향적인 계파였다.

유학은 경세론을 수용하는 정도에 따라 분파를 나눌 수 있다. 맹자는 경세론을 배격한 반면 순자는 적극 수용했다. 문제의 송나라 때는 유학의 도덕주의를 가장 순수한 형태로 주창한 이학이 성했고, 이들은 경세론에 기울었던 왕안석(王安石)의 신법파를 맹렬하게 공격했다. 즉 송대의 이학, 즉 성리학은 경세론과 공리주의를 철저히 배격하고, 여기서 일탈할 가능성이 있는 여타의 학문을 이단으로 몰아세우는 배타적인 태도를 취했다.

그래도 중국은 성리학 일원주의로 흐르지는 않았다. 송대에 성리학이 완성되긴 했지만 바로 이어서 상업과 국제무역을 활성화한 몽골의 원나라가 지배했고, 세계 최대 규모의 시장과 상업자본이 발달해 있었다. 성리학의 원리대로 상업을 억제하고 농업만 권장하는 식으로 통치한다는 것은 이미 현실적으로 불가능했다. 이에 비해 국토가 작고 시장 발달이 미약한 조선은 성리학을 강력하게 국가 이념으로 추진할 수 있는 좋은 실험장이었다.

그런 점에서 아쉬운 생각도 든다. 건국의 기회를 잘 살렸다면 대한민국이 건국과 함께 농지 개혁과 6.25 전쟁이 맞물리면서 사회적 기반을 리셋했던 것처럼, 조선도 기득권의 부와 계급 질서를 혁파하고 새롭고 역동적인 '사다리'를 만들 수 있었을 것이다.

그런데 조선은 그렇지 않았다. 건국 직후 잠시 역동적인 흐름이 있기는 했지만, 갈수록 도덕과 이상에 사로잡혀 도리어 고려 시대보다도 신분 질서를 강화하고 상공업을 억누르는 방향으로 진행됐다. 세계사의 진행 방향과는 정반대로 달려갔다. 그런 가운데 한정된 재화(토지)는 양반들이 독점했다.

2008년부터 2017년까지 약 10년간 이어진 대한민국 보수 정권의 탐욕스러운 분위기에 질려버린 시민들은 양극화 개선을 꾸준히 외친 더불어민주당 정권을 탄생시켰지만, 그 결과가 서울·수도권의 집값 폭등과 사다리 걷어차기로 나타났던 것처럼 말이다.

조선 전기 집권층은 문무의 균형

사림들에게 가장 중요한 것은 명분과 선한 의도였다. 실리는 그 다음 문제였다. 그러면 그들이 만드는 나라는 어떻게 됐을까? 두 가지 상징적인 사건을 통해 살펴보자.

비록 성리학을 국시로 삼았다고는 하나 조선 초기만 해도 무(武)가 중요하게 다뤄졌다. 조선을 세운 이성계 가문 자체가 무장 출신이었고, 국경을 정비하기 위한 군사 작전도 활발하게 벌였다.

호학군주(好學君主)로 알려진 세종도 국익을 위해서는 과감하게 무력을 쓰는 데 주저하지 않았다. 국경의 골칫거리인 여진족을 공략하기 위해 2차례나 국경 밖으로 대규모 원정을 보냈다. 조정에선 반대 기류가 강했지만 세종은 개의치 않았다. 명나라 황제가 보낸 사신이 만류할 때도 "예전에 황제께서 말씀하신 것과 내용이 다른 것 같다"라며 물러서지 않았다.

세종은 1, 2차에 걸쳐 압록강 건너편 파저강 일대로 원정군을 파견했는데, 모두 승리를 거뒀다. 당시 최우선 목표였던 건주 여진의 지도자 이만주(李滿住)를 잡는 데는 실패했지만, 압록강 건너의 여진 세력을 약화하고 주도권을 확보하고, 압록강-두만강으로 이어지는 국경을 확정했다.

세조(수양대군)도 이런 기조를 이어나갔다. 국방을 중시했고, 남이(南怡) 같은 유능한 장수를 중용해 변방을 안정시켰다. 세조 6년(1460) 신숙주가 이끈 1만 명의 군사가 여진족 추장 90여 명 등을 죽이고 집 900여 채를 태우는 등 여진족의 근거지를 초토화했고, 7년 뒤엔 강순(康純), 남이가 이끄는 1만 명의 정벌군이 건주 여진을 쳤다. 특히 이들은 세종 때부터 숙원이었던 이만주와 그의 아들 이고납합(李古納哈)·이두리(李豆里) 부자 등을 베어 여진 세력을 완벽하게 제압했다.

사실 이러한 군사 활동은 외교적으로 매우 예민한 문제였다. 명나라는 조선이 압록강과 두만강을 건너 벌이는 군사 활동을 달가워하지 않았다. 명나라 입장에서는 여진과 조선을 서로 견제시켜 힘을 빼는 게 목표였기 때문이다. 조선의 여진 제압은 이런 구상에 어긋나는 일이었다.

하지만 조선은 여진족이 국경을 불안정하게 만들 때마다 원정을 통해 근원적으로 해결하는 것을 주저하지 않았다. 한편으로는 명나라와 마찰을 감수하면서, 다른 한편으로는 양국 관계가 심각하게 틀어지지 않도록 외교적 수완을 펼치며 관리해나갔다.

세종부터 세조 대까지의 분위기가 대략 이랬다. 그런데 사림의 시대로 접어들면서 이런 모습을 찾아볼 수 없게 된다. 중종 시대 최대 군사적 현안인 속고내(束古乃) 처리 문제가 그랬다.

여진족 속고내를 놓고 벌어진 내분

속고내는 《중종실록》에 빈번하게 등장하는 여진족 추장이다. 그

5장 이상주의자 조광조의 왕도

의 부친은 조선에 충성했지만 그는 걸핏하면 국경 주변을 약탈해 조선의 골칫거리가 됐다. 인내심이 폭발한 중종 7년(1512)에 토벌을 시도하긴 했는데, 사전에 정보가 새어나가 속고내가 종적을 감추면서 무산되고 말았다.

그러다가 중종 13년(1518) 8월에 좋은 기회가 포착됐다. 속고내가 국경에서 사냥을 벌인다는 첩보가 입수된 것. 당연히 속고내에 대한 군사 작전을 벌일 줄 알았지만, 이 문제는 예상치 못한 기류에 휘말리게 된다. 중종 13년 8월 16일부터 8월 18일까지 2박 3일간 실록에 기록된 논의 과정을 따라가 보자. 참고로 중종 13년은 조광조의 위세가 절정에 달했던 시기다.

■ 8월 16일 - 조정에서 속고내 토벌 결정

함경도 절도사로부터 속고내가 사냥 중이라는 보고를 받은 병조판서 유담년(柳聃年)은 중종에게 군사 작전을 제안했다.

"속고내는 임신년(중종 7년)에 갑산(甲山) 지방에서 노략질하였는데, 그때 황형(黃衡)이 제어하지 못하였습니다. 지금 나와서 사냥한다고 하니, 그렇다면 이 오랑캐를 사로잡지 않을 수 없습니다. 대신을 불러 의논하게 하소서."

중종은 즉시 삼공과 지변사재상(知邊事宰相, 북방 야인 문제를 전담한 문무관으로 변방 사정을 잘 아는 종2품 이상 인사가 임명됨) 등을 불러들여 같이 논의하게 했다. 영의정 정광필이 말했다.

"속고내는 오랑캐 중에서 가장 발호(跋扈, 권세를 믿고 함부로 날뜀)

한 자입니다. 이 오랑캐의 발호로 인하여 망합(莽哈)·주장합(住張哈)이 잇달아서 배반했으니, 이 오랑캐는 난(亂)의 원인입니다. 만약 국경 가까이 나오면 오히려 계책을 써서 사로잡아야 합니다."

옆에 있던 이조판서 이장곤도 무슨 계책을 써서라도 반드시 속고내를 잡아야 한다고 강조했다. 그는 중종 7년 여진족 2,000명이 압록강을 넘어 침입했을 때 이를 격퇴한 적이 있었다. 변방 사정에 정통한 이장곤은 다음과 같이 진언했다.

"지금 사로잡으려 한다면 장수를 보내되 기병 4~5명에 군관 2~3인을 거느리고 단기로 급히 달려가서 토병 약간을 뽑아 계책을 써서 사로잡아야 하니, 이 일은 변장(邊將)에게 위임해서는 불가하고 별장(別將)을 보내어 도모해야 합니다."

변장은 국경 지대를 맡은 장수, 별장은 중앙에서 파견하는 특수 군관을 말한다. 지금으로 치면 특수부대를 파견하자는 것과 같았다. 몇 년 전 낭패를 경험한 중종도 수긍하면서 "그리하라"라고 지시했다.

이렇게 해서 세 명의 정승과 병조판서 등이 논의해 낙점한 인사는 이지방(李之芳)이었다. 이지방은 종성 부사·회령 부사를 거쳐 의주 목사를 지내고 경상좌도의 수군절도사도 역임한, 수륙 양면에서 경륜이 풍부한 장수였다. 특히 종성, 회령, 의주에서 오래 복무해 북방 사정에 정통했다. 그는 훗날 평안도와 충청도의 병마절도사에 올랐을 정도로 당대를 대표하는 엘리트 군인이었다.

정광필은 "지모와 방략이 있으며 강하고 용맹하다"라고 이지방을 추천하면서 사정이 긴박한 만큼 이튿날 바로 파견할 것을 건의했고, 중종도 동의했다. 이때까지는 모든 게 순조로웠다.

■ 8월 17일 ① - 조광조의 속고내 토벌 반대

변경으로 떠나게 된 이지방은 중종에게 인사하기 위해 입궐했다. 막중한 책임을 진 그로서는 나름 구상한 작전도 설명하고 국왕의 격려를 들은 뒤 변방을 향해 떠날 줄 알았을 것이다. 그런데 이때 조광조가 다른 일로 궁에 왔다가 이를 알게 됐다. 여기서부터 상황은 반전된다.

"상(중종)이 사정전(思政殿)에 나아가서 방어사 이지방을 인견하였는데 영의정 정광필·우의정 안당·병조판서 유담년도 부름을 받고 들어와 있었다. 부제학 조광조가 마침 숙배하러 예궐(詣闕)하였다가 방어사를 보내려 한다는 말을 듣고 '가벼이 의논해서는 불가하다' 하므로 상이 곧 불러들이니, 광조가 아뢰기를 '제왕의 거동은 반드시 사리가 바른 뒤에 거행해야 합니다. 지금 속고내가 모역하는 마음이 없고 다만 사냥하러 왔을 뿐인데, 우리가 불의에 엄습하여 사로잡으려 한단 말입니까? 이와 같은 일은 변방의 장수가 행여나 편의로 처리하였더라도 불가한데, 조정에서 스스로 도적의 꾀를 행하여 재상을 보내 엄습한다면 의리에 어떻겠습니까? 만약 죄가 있다면 죄를 묻는 군사를 일으켜야 합니다. 지금 변경에서 요란을 피운 것이 아닌데 몰래 군사를 내어 엄습하는 것은 진실로 불가합니다. 비록 장수를 보내더라도 사로잡지 못하면 호인(胡人)들이 반드시 우리를 믿지 아니하고 간사하다고 할 것입니다.'"

잘못을 한 것은 6년 전인데 왜 지금 계략을 써서 잡으려 하느냐, 군자답지 못하다, 여진족들이 우리를 간사하다고 비난할 것이다. 이것이 조광조의 논리였다. 그러니 속고내를 기어이 잡아야겠다면 군사를 일으킨다는 것을 상대에게 제대로 알리고 당당하게 작전을 펴라는 것이다.

부제학은 국왕에게 경서를 강연하거나 국왕의 자문에 응하는 직책이다. 아카데믹한 역할이다. 그런 조광조가 이미 국왕의 결재를 받은 군사 작전에 이의를 제기한 것은 누가 봐도 월권이었다. 더군다나 삼정승과 병조판서의 논의까지 거친 일이었다. 설령 조광조의 오지랖이라고 치더라도 정상적인 상황이라면 국왕이 이 말을 무시했을 것이다. 그런데 이때 중종은 조광조에게 푹 빠져 있었다. 그러니 결과는 뻔했다. 중종은 불과 전날까지 동의했던 결정을 한 순간에 뒤집었다.

"상이 이르기를 '이 말이 옳다. 만약 속고내가 지금 와서 변경을 요란하게 하면 사로잡는 것이 옳다. 그러나 사냥하러 왔는데, 도적의 꾀를 행하여 엄습해서 사로잡는 것이 사체(事體, 사리와 체면)에 어떻겠는가?'"

당황한 것은 삼정승이었다. 그동안 변경을 들쑤시던 속고내를 잡을 절호의 기회였다. 앞으로 속고내를 언제 잡을 수 있을지 자신할 수도 없었다. 그런데 도덕을 운운하며 그냥 돌려보내라는 말인가. 영의정 정광필이 황급히 막아섰다.

"조광조의 말은 참으로 유자(儒者)의 지극한 말입니다. 그러나 삼대(三代) 이후로 변방 일을 처치하는 데에 한결같이 제왕의 도를 따르지 못하였으니, 지금 보내는 것이 좋지 않겠습니까?"

삼대는 중국 역사에서 가장 먼 옛날인 하(夏)·상(商)·주(周) 시대를 가리킨다. 이런 옛날에나 도리를 따졌지, 이후엔 어느 나라도 국방과 관련해 '제왕의 도'를 따지며 실리를 포기한 적이 없다는 것이다. 완곡하게 말했지만 그는 조광조의 이야기가 현실성 없는 이상론에 불과하다고 꼬집은 셈이었다. 그러자 조광조가 다시 받아쳤다.

"왕자(王者)가 이적을 대하는 데는 변경을 충실하게 하고 백성을 넉넉하게 하여 일이 일어나지 않도록 해야 할 것이고, 저들이 먼저 변경을 요란하게 하여 적이 우리에게 침범하면 부득이 대응하되, 서서히 죄를 묻는 군사를 일으키는 것이 본디 사리에 마땅합니다. (…) 지금 조정에서 대신을 보내어 숲속에서 오랑캐를 엄습하여, 사기의 술책을 가지고 도적의 방법을 행하니 국가의 사체에 어떻겠습니까? 신은 변방의 일만 일으키고 국가의 체면만 크게 상하게 될까 염려됩니다."

사정이야 어쨌든 군자의 도리로써 군사를 움직여야 한다는 주장을 굽히지 않았다. 상대가 먼저 침범을 할 때나 자위 차원에서 군사를 일으키는 것이지, 먼저 군사를 움직이는 것은 도적의 방법이라는 것이다. 이어서 그는 현실을 모른다는 정광필의 비난을 의식했는지 북방의 작황 사정도 들었다.

"올해 북방에 서리가 일찍 와서 농사 수확이 전혀 없으니, 만약 변경의 환란을 만나면 반드시 제어하지 못할 것입니다."

결국 병조판서 유담년이 폭발했다.

"담년이 버럭 화를 내어 소리를 지르며 아뢰기를 '일이 만약 처리를 잘못하면 과연 사달이 생기겠지만, 그러나 옛말에 밭 가는 일은 종에게 물어야 하고 베 짜는 일은 여종에게 물어야 한다고 하였으니, 이와 같은 일은 신의 말을 들어야 합니다'라고 하였다."

유담년은 국방의 총책임자였다. 그런 자신 앞에서 현장 경험도 없는 조광조가 이래라저래라 하니 더는 참을 수 없었던 것이다. '밭 가는 일은 종에게 물어야 하고 베 짜는 일은 여종에게 물어야 한다'라는 유담년의 비유는 정곡을 찌르고 있었다. 현장을 모르는 먹물들의 이상론으로 세상사를 접근하고 정책을 결정하면 문제가 생길 수밖에 없다는 이야기다.

어쨌든 분위기가 이렇게 험악해지자 중종도 조광조를 계속 두둔할 수는 없었다. 더군다나 그는 어제까지만 해도 속고내 토벌에 동의한 터였다. 그래서 "조광조의 말도 또한 깊은 뜻이 있으며 일이 매우 가볍지 않으니 가벼이 움직일 수 없다. 정부 및 지변사재상을 다시 모아 의논하는 것이 좋겠다"라며 한발 물러섰다.

■ 8월 17일 ② - 조광조의 손을 들어준 중종

곧 정부 요인들이 소집됐다. 영의정 정광필 · 우의정 안당 · 좌참찬 조원기 · 지중추 황형 · 이조판서 이장곤 · 호조판서 고형산 · 병조판서 유담년 · 공조참판 윤희평 · 한성우윤 최한홍 · 호군 조윤손

등이 모였다. 이들의 의견도 유담년과 비슷했다.

"제왕의 도로 말하면 이는(이번 작전은) 기모(奇謀, 기묘한 꾀)입니다만, 삼대 이후로는 한결같이 왕도로 해서는 되지 못할 듯합니다. 만약 속고내를 사로잡으면 주장합도 진정시킬 수 있으며, 이뿐 아니라 변방을 진압하여 복종시킬 수도 있습니다. 속고내가 들어온 곳은 본디 우리 땅으로 압록강 안쪽입니다. 매양 변장에게 엄하게 방비하여 해이하지 말고 그들이 들어오지 못하도록 일렀으나 하지 못하였습니다. 전에 '만약 여기에 들어오는 자는 변경을 침범한 죄로 논하겠다'라고 일렀는데 속고내가 지금 들어와 사냥하니 이 거사는 명분이 없는 것이 아닙니다."

이들은 조광조의 주장을 조목조목 반박했다.

첫째, 이번 작전이 제왕의 도라고 할 수는 없지만, 요순시대가 지난 뒤로는 모든 일을 한결같이 군자의 방식으로 접근할 수는 없다.

둘째, 속고내를 잡으면 다른 여진 세력까지 안정시킬 수 있으니 일석이조가 된다.

셋째, 속고내가 사냥을 하러 온 곳은 압록강 안쪽, 즉 조선의 영토다. 이것은 국경을 침범한 죄인 만큼 처벌이 가능하다. 명분이 없지 않다.

물론 다른 의견도 있었다. 한성판윤 홍숙(洪淑)·형조판서 이유청(李惟淸)·동지중추 김극성(金克成)은 "속고내는 전에 우리나라에 귀화하였다가 중간에 배반한 자이니 죄가 없지 없습니다. 지금 장수를 보내어 사로잡는다 해도 할 말이 없는 것이 아닙니다"라면서도,

"다만 그때 즉시 사로잡지 않고 이제 간사한 꾀로써 사로잡으면, 죄 없는 자도 억울하게 사로잡히게 되어 이 때문에 변방의 화가 격렬해질까 염려됩니다"라고 말했다.

즉, 6년 전 반란을 일으켰을 때 잡지 않고 지금 잡는 것은 모양새가 빠진다는 것이다. 또 자칫 작전 와중에 6년 전 반란과는 무관한 자들도 억울하게 죽을 수 있다는 것을 염려하고 있다. 실로 군자의 마음이었다.

하지만 이것은 중종이 기다리던 말이었다. 중종은 맞장구쳤다.

"반복하여 헤아려보아도, 그들이 지금 변경을 침범한 것이 아니고 오직 사냥하러 나왔을 뿐인데 사로잡는다면 죄 없이 억울하게 사로잡히는 사람이 없지 않을 것이다."

중종의 입장에선 모두가 조광조에게 반대하니 곤혹스럽던 참에 구원군을 얻은 심정이었을 것이다. 그러자 정광필은 이미 대세가 기울었다는 것을 알았는지 이렇게 마무리했다.

"그때 사로잡으려 하지 않은 것이 아니라 다만 사로잡을 수 없었을 뿐입니다. 지금 이 오랑캐를 사로잡으면 망합의 죄도 밝혀질 것입니다. 신 등의 의견은 이와 같습니다. 그러나 상의 마음이 정해지셨으니 감히 다시 아뢰지 않겠습니다."

망합은 6년 전 조선이 군사를 일으키려 하자 속고내가 이미 사망했다고 거짓 보고를 해서 속고내가 도망치도록 도운 여진족 추장이다. 정광필은 자꾸 과거에 속고내를 잡지 않은 일을 거론하는 게 답답했던 것이다. 어쨌든 이로써 속고내에 대한 작전은 사실상 수면 아래로 들어갔다.

속고내 토벌 작전 무산은《조선왕조실록》에 잠깐 등장하며, 역사
책에는 거의 다뤄지지도 않는다. 하지만 나는 전문가의 의견을 도
덕과 이상을 앞세워 뒤집은 이 사건이 이후 조선의 역사를 상징하
고 있다고 본다. 그리고 이런 사례는 지금도 우리 주변에서 벌어지
고 있다.

월성 원자력발전소 삼중수소 검출 문제가 대표적이다. 더불어민
주당에서는 "알려지지 않은 비계획적 방출이 발생하고 있다", "삼
중수소는 일본이 바다로 방류하려는 후쿠시마 오염수에 포함된 물
질"이라며 월성 원자력발전소의 위험을 부각했지만 정작 전문가들
의 의견은 달랐다. "월성 원전 인근 주민 체내의 삼중수소 농도 분
석 결과는 바나나 6개, 2차 조사 결과는 바나나 3~4개 섭취했을
때 나타나는 피폭량"(정용훈 KAIST 원자력 · 양자공학과 교수), "쌀, 버
섯, 육류, 생선 등 우리가 섭취하는 모든 음식에 삼중수소가 들어
있다"(강건욱 서울대 의대 핵의학교실 교수) 등이었다. 극단적 생태주의
와 정부의 탈원전이 만든 해프닝이었다.

■ 8월 18일 – 조광조 일파의 승리를 확인

8월 17일에 이어 18일에도 오전 경연에서 이 문제가 또 다뤄졌지
만, 조광조 일파의 승리를 확인하는 수순에 불과했다.

"속고내가 죄가 있는지는 모르겠습니다만, 왕자의 처사는 광명
한 도를 드러내 보여야 합니다. 만약 성의로 움직이면 감동하지 않

음이 없을 것입니다. 상께서 일의 기틀을 살피시어 곧 조광조의 말을 들어 중지하시는 것이 매우 좋은 방법입니다." (심달원)

마무리는 조광조의 몫이었다. 그는 중국의 고사까지 인용하면서 쐐기를 박았다.

"옛날 야율휴가(耶律休哥)는 송나라 지역의 마소가 북쪽으로 넘어온 것을 다 돌려주게 하였고, 조빈(曹彬)은 강남을 칠 적에 아무 날 싸울 것이라고 기약하고 오직 성의와 믿음을 보일 뿐이었습니다."

야율휴가는 거란(요)의 명장이고, 조빈은 송나라를 세운 조광윤(趙匡胤)의 측근 장수다. 성리학자답게 송나라 역사를 끌어다 쓰면서 전쟁에도 군자의 도리를 지켜야 한다는 것을 재차 강조했던 것이다. 그러면서 그는 자신을 힐난했던 대신들에게 돌려주는 것도 잊지 않았다.

"요즘 대신이 혹 '삼대의 일을 다시 행할 수 없다'라고 하였는데, 이 말이 크게 폐단이 있습니다. (…) 비록 패왕(霸王) 노릇을 한 이도 대개 인의를 빌려서 행하였으나 성의가 없었으므로 패(霸)라고 한 것입니다. 그런데 지금 이 일은 패술(霸術)이라 할 수도 없고 오로지 간사한 꾀입니다. 패도는 왕도보다 매우 격이 낮은데, 또 패도보다도 더 낮은 것이야 어찌 부끄럽지 않겠습니까? 이적(夷狄)일지라도 사람의 마음이 있으니, 만약 성의로 움직이면 복종하지 않음이 없을 것입니다. 만약 이 일을 행하면 하늘도 옳게 여겨서 몰래 도와줄 것입니다. 바야흐로 왕도를 행하려 하시면서 어찌 차마 패도보다 낮은 일을 행하시겠습니까?"

앞서 말했듯이 조광조와 기묘사림이 여론을 좌우했던 이때는 감히 도학의 이름으로 진행하려는 일에 다른 목소리를 내기가 어려웠다. 현실을 들어 명분을 접어두자는 이야기는 적폐로 낙인찍히기 십상이었다. 이것이 사림의 시대였다.

결국 속고내 제거 작전은 중지됐다. 이후 조선에서는 더 이상 세종과 세조 대와 같은 역동적인 국방 정책은 볼 수 없게 된다. 그렇게 100년이 지난 후 조선이 만나게 될 여진족은 더 이상 감당할 수 없는 거대한 세력이 되어 있었다. 정묘호란과 병자호란을 일으킨 후금이 바로 그들이다.

"이적일지라도 사람의 마음이 있으니, 만약 성의로 움직이면 복종하지 않음이 없을 것입니다. 만약 이 일을 행하면 하늘도 옳게 여겨서 몰래 도와줄 것"이라던 조광조의 말은 전혀 실현되지 않았다.

나는 이 대목에서 남북 관계가 떠오른다. 개성공단을 만들고 상대에 대한 비방을 멈추고 화해와 협력의 의지를 보이면 북한도 도발을 멈추고 핵 개발을 포기한다고 했는데 지금 북한은 어떠한가. 남북공동연락사무소는 먼지더미로 변했고, 한국의 대통령은 '삶은 소대가리', '특등 머저리' 같은 소리를 들으며 조롱받고 있다. 물론 그래도 "조금 더 과감하게 대화하자는 뜻"이라면서 식량은 물론 백신 등을 지원해야 한다고 하니 참으로 군자의 아량이 아닐 수 없다. 부디 하늘도 옳게 여겨 몰래 도와주기를 바라고 있어야 하나.

연산군이 '연은분리법'으로 은 생산 지시

"양인 김감불과 장례원 소속 노비 김검동이 아뢰기를 '납(鉛鐵) 한 근으로 은 두 돈을 불릴 수 있습니다. 무쇠 화로나 냄비 안에 매운재를 둘러놓고 납을 조각조각 끊어서 그 안에 채운 다음 깨어진 질그릇으로 사방을 덮고 숯을 위아래로 피워 녹입니다' 하니 전교하기를 '시험해보라' 하였다." 《연산군일기》9년 5월 18일

훗날 '연은분리법(鉛銀分離法)' 또는 회취법(灰吹法)으로 불리는 은의 추출 과정이다. 은광석(은이 포함된 광석)과 납을 섞어 태워 혼합물(함은연)을 만든 뒤 이것을 다시 가열해 녹는점이 낮은 납은 재에 스며들고 순수한 은만 남게 하는 것이다. 이전엔 은광석을 며칠이고 가열해 남은 재에서 은을 걸러냈다. 고대에 발명된 이 방식은 노동력과 시간이 많이 소모됐다. 이에 비하면 금속의 녹는점을 이용한 회취법은 고급 기술이었다. 노비가 참여한 실험 과정이 이례적으로 《조선왕조실록》에 상세히 남겨진 건 왕이 직접 관람했기 때문이다.

연산군은 조선사에서 특별한 인물이다. 사치를 장려한 유일한 군주다. 사관은 연산군의 죄상으로 "사치와 화려함이 극도에 달하였다"라고 꼽았을 정도다. 사실이 그랬다. 그는 사치스럽다는 이유로 금지된 고급 비단(紗羅綾緞)을 다시 허용하고 비단 제조도 장려했다. 또 관리들이 입는 의복이 추악하다며 '재물을 아끼는 비루한 행위'라고 비난했다. 도성에서 누추한 의복을 입으면 종실 인사도

처벌한다는 전교를 내릴 정도였다.

결국 연산군은 과소비로 국고를 탕진했다. 세금을 왕실 예산으로 돌려도 늘 부족했다. 그러니 '회취법'에 솔깃하지 않을 수 없었다. 연은분리법 시연을 본 연산군은 "이제 은을 넉넉히 쓸 수 있다 (銀可足用)"며 매우 만족해했다. 적용도 빨랐다. 별다른 논의도 거치지 않고, 닷새 뒤엔 조선 최대의 은광이 있는 함경도 단천에서 회취법으로 은을 캐도록 지시했다.

중종반정으로 막힌 은 생산

그런데 군주가 '돈'을 밝히니 관료들도 대담한 발상을 했다. 호조판서는 '채은납세제(採銀納稅制)'를 시행하자고 건의했다. 민간에 은 채굴을 허용하고 세금을 걷자는 얘기다. 19세기 미국의 골드러시 같은 얘기다. 물론 연산군은 두말 않고 허락했다.

당시 기록에 따르면 1인당 하루 1냥(兩)을 은 현물 납세로 걷었다. 1냥은 결코 적은 액수가 아니었다. 제대로만 했으면 국부가 크게 증대했을 텐데, 실제로는 연산군이 총애하던 후궁(장숙용) 집안이 채굴권도 받고 면세 혜택도 받았다. 연산군판 국정 농단 사건이었다. 광해군과 달리 연산군에 대한 역사적 재평가가 일어나지 않는 데는 이런 이유가 있다. 어쨌든 조선사에서 유례없는 독특한 일이 벌어졌다는 것만큼은 분명했다.

1506년 중종반정으로 연산군 시대가 막을 내렸다. 우리는 중종의 시대가 어떤 시대인지 안다. 연산군 시대는 철저히 청산되어야 할 대상이었다. 은광이라고 다르지 않았다. 반정이 일어난 1506년 9월 즉각 금지됐다. 적폐 2호쯤 됐던 모양이다. 이듬해 4월에는 회취법도 금지하는 방안을 검토하라는 왕의 지시가 내려졌다.

단천 은광은 중종 때도 '단천의 어디를 파도 모두 은광석이 나와 실로 무궁하다'라는 보고가 있을 정도로 매장량이 풍부했다. 덕분에 은광으로 부를 축적한 이가 많았다. 특히 명나라는 은을 화폐로 사용해서 수요가 높았다. 조선과 명 사이의 사무역이 크게 늘었고 인근에선 상업도 크게 발달했다. 이 무렵 《조선왕조실록》에는 '황해도부터 의주까지 짐을 실은 수레가 가득하다', '중국으로 가는 사신들은 최소 은 3,000냥씩 쥐고 간다', '조선-명 국경 지대 물가가 치솟아 북경과 다를 바가 없다'라는 기록들이 나올 정도였다.

사정을 아는 대신들은 애가 탔다. 이 중 몇몇은 재정 부양을 위해서 민간에 은 채굴을 다시 허용하자고 요청했다. 덕분에 일시 재개되기도 했지만 곧 중단됐다. 도학의 시대에 이익을 탐하는 행위가 환영을 받을 리가 없었다. 단천 은광의 '노다지'는 그렇게 땅속으로 묻혔다.

세계 2위가 된 일본의 은 생산량

중종 37년 일본 사신이 무려 8만여 냥(3,200킬로그램)의 은을 가져

5장 이상주의자 조광조의 왕도

와 무역을 요구해 조정이 크게 놀라는 일이 벌어졌다. 값을 치르려면 면포 9,000여 동(45만 필)을 내줘야 했는데, 전례가 없는 막대한 양이었다. 참고로 조선 최고라는 단천 은광도 1년 생산량이 1,000냥이 넘지 않았다. 단발적 사건이 아니었다. 이후에도 《중종실록》엔 일본에서 들어온 은이 도성 시전에 가득 찰 정도라거나, 일본 상인들이 은을 대거 가져와서는 무역을 요구한다는 보고가 연이어 올라왔다.

그런데 50년 전만 해도 상황은 정반대였다. 15세기 후반만 해도 일본은 후추 같은 특산품을 바치며 조선에 인삼, 호랑이 가죽 등과 함께 은을 요청하곤 했다. 그렇다면 이 막대한 일본 은의 출처는 어디일까? 그렇다, 회취법이었다. 조선에서 막은 회취법은 바다를 건너 일본에서 꽃을 피웠다. 사연이 있다.

"왜인과 서로 통하여 연철을 많이 사다가 불려서 은을 만들고 왜인에게 그 방법을 전습한 일은 대간이 아뢴 대로 국문하라. 서종은 비록 무반 사람이라 해도 벼슬이 판관에 이르러 무식하지 않다. 또 불려서 은을 만드는 일은 사람마다 하는 일이 아니요, 반드시 장인(匠人)이 있고 난 뒤에라야 할 수 있는 것인데, 그 집에 장인이 있고 없는 것을 알 수가 없다. 다만 증거가 없고 형벌을 한 번 받고 병이 났으니 또 재차 형벌을 가하면 죽을까 걱정이다." 《중종실록》 34년 8월 19일

일본인들을 끌어들여 연은분리법 기술을 유출한 유서종(柳緒宗)은

2년 전 의주 판관이었다. 명나라 국경을 맞댄 상업 도시 의주는 은의 집결지였다.

> "간원이 아뢰기를 '의주 판관 유서종 일가가 패란된 일이 많아 조관에
> 합당치 않습니다'라고 하니 아뢴 대로 하라고 전교하였다."
>
> 《중종실록》 32년 7월 16일

관가에서 평판이 좋지 않은 것을 보면 유서종은 은광 같은 이권 사업도 손을 대고 있었던 게 분명하다. 확실한 것은 그가 연은분리법을 일본으로 넘기려 했다는 점이다.

일본 이와미 은광(石見銀山)은 이 무렵 가장 유명한 은광이다. 이와미 은광 측 기록에 따르면 조선에서 경수(慶寿)와 종단(宗丹)이라는 두 기술자를 초청해 회취법을 습득하는 데 성공했다. 유서종뿐 아니라 여러 기술자가 조선을 떠나 일본으로 넘어가 은 제련 기술을 전수했던 것이다.

덕분에 일본의 은광 산업은 세계 2위의 생산량에 도달할 정도로 비약적인 발전을 이뤘다. 일본은 17세기에 이르면 세계 은 생산량의 3분의 1을 캐냈다. 때마침 일본이 포르투갈을 통해 세계 교역망과 연결되기 시작하던 때였다. 일본은 당시 세계의 기축통화 역할을 하던 은을 통해 비약적으로 상업을 발달시켰다. 중종이 단천 은광을 폐쇄하고 30여 년이 지난 뒤의 일이다.

5장 이상주의자 조광조의 왕도

해외 자원 개발에도 적폐 딱지

실리는 접어두고 온갖 명분을 앞세워 이전 정권의 사업을 깔아뭉개는 것은 조선이나 한국이나 매한가지다. 어쩌면 전통이 됐는지도 모르겠다.

"우리나라의 경우 구리는 해외에서 전량 수입하고 있다. 칠레를 비롯한 다양한 나라에서 수입된 원광을 제련해 제품을 만드는 입장에서 보면 안정적인 공급선 확보는 매우 중요한 사안이다. 과거 2000년대 중반부터 우리나라는 원자재 가격 급등으로 어려움을 겪었다. 이러한 문제를 근본적으로 해결하기 위해 해외 광물자원 확보에 공을 들였다. 자원외교로 알려진 이 과정에서 니켈·코발트 등의 광산을 확보했다. 구리도 칠레 산토도밍고, 파나마 코브레 등의 광산을 확보한 상태다. 하지만 최근 정부는 칠레 산토도밍고 광산을 매각했으며, 파나마 코브레 광산 역시 매각을 진행하고 있다. 구리 가격 상승이 예상되는 만큼 비싼 가격에 매각될 것으로 생각되지만 실제 상황은 다르다. 산토도밍고 광산의 경우 약 2억 4,000만 달러(약 2681억 원)를 투입했지만, 1억 5000만 달러(약 1675억 원)에 매각됐다. 파나마 코브레 광산 역시 지나치게 낮은 매수 희망가격으로 인해 유찰된 상태다. 2018년 3월 자원 공기업이 보유한 해외 자산 전부를 매각하도록 한 방침이 알려지면서 매수자들이 높은 가격을 부르지 않기 때문이다. 원자재 가격이 상승했을 때 뒤늦게 고가에 매입하고, 정작 해당 자산 가격이 상승하는 시점에 헐값에 매각

함으로써 이중 손해를 보고 있는 것이다." 〈시사저널〉 2021년 4월 21일 자 '값 오르는데 '미래 가치' 광산을 헐값에 판다고?'

"해외자원개발 공기업의 운명이 두 차례에 걸친 장고 끝에 '더욱 강력한' 구조조정으로 귀결됐다. 한국광해관리공단과 합병 예정인 한국광물자원공사를 제외한 한국석유공사, 한국가스공사가 대상이다. 다만 이번 권고안대로라면 우량 자산까지 매각 대상에 오를 수 있지 않냐는 우려가 제기된다. 구리 가격이 천정부지로 치솟는 상황에서 해외 기업에 칠레 구리광산 지분을 매각한 것은 구조조정에 치우치다가 캐시카우(수익 창출원)를 놓친 대표 사례로 회자된다. 전문가들은 현 정부가 이명박 정부의 해외자원개발 색채를 지우는 데에만 급급하는 등 악수를 두지 말고 '실리'에 좀 더 집중할 것을 주문하고 나섰다." 〈국민일보〉 2021년 4월 29일 자 "'MB 색깔' 지우려다 우량 해외자원까지 팔아치울까 걱정'

그래도 이것은 '예산 낭비를 막는다'라는 명분이 그나마 갖춰져 있으니 약과라고 생각한다.

명분 앞세운 탈원전 정책의 후유증

정말 이해하기 어려운 것은 거친 탈원전 움직임이다. 일각에선 문재인 대통령의 탈원전 기조에는 원전 재난을 다룬 영화 〈판도라〉

를 관람한 것이 결정적이었다고들 한다. 물론 청와대 측에선 "사실이 아니다"라고 반박했다.

진실 여부가 어떻든 간에 원전을 적폐시한 대가는 컸다. 한국전력기술 직원들은 잇달아 해외 기업으로 빠져나갔고, 카이스트(KAIST)와 서울대 등에서도 원자력을 전공하던 학생들이 사라져 울상을 짓고 있다. 그간 공들여 키워 세계적인 수준을 자랑하는 원자력 산업이 고사 운명을 걱정해야 할 형편에 처한 것이다.

"더불어시민당 양이원영 당선자(비례대표 9번)가 탈원전으로 인한 두산중공업의 경영난 문제는 문재인 정부 탓이 아닌 두산중공업 경영진 탓이라며 '원전 노동자들을 훈련 시켜 풍력 쪽에다가 투자해야 한다'라고 말했다. 양 당선자는 6일 라디오 인터뷰에서 '원전에 돈을 투자한 것은 경영진의 판단오류'라며 풍력에 투자를 했어야 한다고 지적했다. 그러면서 두산중공업은 원전이 아닌 풍력 등 재생에서지에 투자했어야 한다고 말했다.

양 당선자는 두산중공업이 지금이라도 재생에너지 시장에 뛰어들어야 한다며 '두산중공업에 풍력 파트가 120명이다. 1,000명, 2,000명씩 데리고 있는 원전, 석탄 쪽 노동자들을 풍력 쪽으로 넣어야 한다'라고 주장했다. 그러면서 '우리가 과학기술, 자본이 없냐'며 두산중공업 경영진을 향해 '풍력에 투자하면 된다'라고 조언했다." 〈펜앤드마이크〉 2020년 5월 6일 자 "두산중공업, 원전 노동자 훈련시켜 풍력 투자해야'... 비례대표 당선자 양이원영의 '황당한 궤변"

그런데 정작 세계 주요국들은 원전을 추가 건설하는 추세다. 개발도상국이냐고? 전혀 아니다. 영국은 원전을 추가 건설하기로 했고, 2011년 동일본 쓰나미 이후 원전 사용을 자제했던 일본도 원전 건설을 재개했다. 전기를 생산하는 데 들어가는 비용이 비교적 저렴하고 탈화석 연료로서 환경 오염이 적다는 메리트가 여전히 유효하기 때문이라고 한다. 심지어 기후 변화에 가장 큰 목소리와 영향력을 가진 빌 게이츠(Bill Gates)조차도 "그 어떤 다른 청정에너지원도 원자력과 비교할 수 없다"라며 원전을 지어야 한다고 주장하고 있다.

현재로서는 탄소 배출을 줄이는 친환경 에너지원으로 원자력이 가장 좋은 대안이라고 하는데, 한국만 '우물 안의 개구리'가 되어 극단적 환경단체의 주장만 되풀이하고 있다. 더욱 재밌는 것은 위험하다는 이유로 탈원전을 거칠게 밀어붙이는 문재인 정부가 정작 외국에 나가서는 '우리 원전을 사라'라며 홍보한다는 점이다. 도대체 이것을 어떻게 받아들여야 할지 난감하다. 조광조가 살아 있었다면 "지금 이 일은 패술이라 할 수도 없고 오로지 간사한 꾀"라고 호통쳤을 법하다.

어쨌든 지금 이 순간에도 원자력 인재들이 하나둘 외국으로 빠져나가고 있으며, '명분'을 앞세워 '실리'를 포기하는 일은 500년이 지나도 여전하다. 철 지난 이념에 첨단 과학 기술이 발목 잡히는 어리석은 짓은 이제 그만할 때도 되지 않았나.

5장 이상주의자 조광조의 왕도

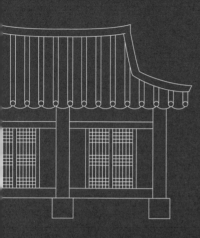

"예부터 전라도에 도적이 많다고 하는 것은 농사를 업으로 하는 자는 적고
장사를 업으로 하는 자가 많아서 장시(場市)에 의지하여 생활을 영위하기
때문인데, 무식한 수령은 그것이 금지해야 할 것인지도 모릅니다. (⋯)
경상도는 토지가 비옥하여 백성들이 모두 농업에 힘썼는데 장시가 선
뒤로부터는 그 폐단이 전라도와 다를 바가 없습니다."

《명종실록》 1년 2월 30일

6장

무본억말
조선의 망국

안빈낙도를 노래한 양반의 위선

십 년을 경영하여 초려삼간 지어내니
나 한 간, 달 한 간에 청풍 한 간 맡겨두고
강산은 들일 데 없으니 둘러 두고 보리라.

조선 시대 사대부라고 하면 우선 '안빈낙도(安貧樂道)'를 떠올리게
된다. 사전을 찾아보면 '구차하고 궁색하면서도 그것에 구속되지
않고 평안하게 즐기는 마음으로 살아감'이라고 한다. 학교에서 배
운 시조에는 사대부들의 안빈낙도 정신이 생생하게 숨 쉬고 있다.
한 번쯤 읽어봤을 위의 시조는 송순(宋純)의 작품이다. 송순은 조
선 중기 때 사림이다. 그는 전라도 담양에 석림정사와 면앙정을 짓

고 독서와 시조 창작으로 노년을 보냈다. 그런데 누구나 이렇게 윤택한 말년을 누릴 수 있었을까? 어지간한 경제적 뒷받침 없이는 불가능한 이야기다. 송순만 해도 죽림칠현처럼 초야에 묻혀 빈한하게 살았을 것 같지만 실제로는 경상도 관찰사, 대사헌, 이조참판, 의정부 우참찬 등을 지낸 중앙 정계의 거물 인사였다. 정사와 정자는 현대의 별장 같은 공간이다. 지금도 아무나 두 채씩 지을 수 있는 건 아니지 않은가.

조선은 무본억말(務本抑末, 농업에 힘쓰고 상업을 억제) 때문에 국가적으로 진흥한 산업이 농업뿐이었다. 그런 사회에서 산업 자본이라면 토지와 노비 정도뿐이다. 양반 계급이 명분과 절의를 부르짖으며 무위도식할 수 있었던 것도 토지와 노비를 거의 독점한 덕분이었다. 그리고 이를 가능하게 만들어준 것은 사대부들을 위한 맞춤형 시스템, 즉 조선이라는 '매트릭스'였다.

조선은 과거를 통해 관리가 되거나 학문을 인정받아 사림에서 명성을 얻는 것 외에는 '꿈'이라는 것을 막아놓은 사회였다. 열심히 일하고 탁월한 아이디어를 내고 모험 정신을 갖고 사업에 뛰어드는 것이 아니라 군주, 신하, 아들로서의 도리를 말하고 실천해야 생계를 보장받았다.

이것이 영국의 신사 계급과 조선 양반 계급의 차이이기도 했다. 신분 상승의 사다리를 치워버린 채 자신들은 그 위에서 특권을 마음껏 향유했다.

사대부는 도덕, 권력에 부까지 장악

조선 개국 직후인 1392년 9월 발표된 논공행상에 따르면 1등 공신은 배극렴, 조준, 정도전 등 17명이다. 이들에겐 각각 공신전(功臣田) 150~220결(結)과 노비 15~30명이 주어졌다. 조준과 배극렴은 공신전 220결, 식읍(해당 지역의 조세를 받을 수 있는 권리) 1,000호(戶), 식실봉(식읍에서 실제 권리를 행사할 수 있는 곳) 300호, 노비 30명이 하사됐다. 정도전도 공신전 200결과 노비 25명을 받았다.

결은 조선 시대의 토지 단위다. 조선 세종 때 비옥한 땅(1등전)의 1결은 9,800여 제곱미터로 추정된다는 연구가 있으니, 이를 적용하면 조준과 정도전은 40~60만 평의 토지를 받은 셈이다. 이들 외에도 2등 공신 11명에게는 공신전 100결과 10명의 노비가, 3등 공신 16명에게는 공신전 70결과 노비 7명이 각각 주어졌다. 조준은 나중에 이방원의 왕위 계승을 도와준 대가로 200결을 더 받았다.

그런데 이들이 조선을 개국하기에 앞서 고려의 권문세족들을 지탄하면서 쏟아낸 발언들을 보자.

"근년에 이르러 겸병이 더욱 심하여, 간흉한 무리가 주군(州郡)과 산천(山川)을 경계로 삼아 (…) 누세에 걸쳐 심은 뽕나무와 집까지 모두 빼앗아 가고, 우리 무고한 백성들은 사방으로 흩어져버립니다."
"재상으로 마땅히 전 300결을 받을 자가 송곳을 세울 만한 땅도 없고, 녹봉 360석을 받을 자가 20석도 갖지 못하고 있습니다."

조선 건국 세력이 집필한 《고려사(高麗史)》의 〈식화지(食貨志)〉에 나오는 내용이다. 이랬던 이들이 개국 직후 논공행상에 따라 토지 수십만 평과 노비 수십 명을 거둬들인 것이다. 공신전은 대대손손 세습이 가능하고 면세의 혜택을 줬다. 그래서 세조 시대가 되면 관료들에게 줄 토지가 바닥난다. 공신의 특권 때문에 그토록 타파하자고 했던 토지 문제가 100년 만에 다시 주인만 바뀐 채 제자리로 돌아왔으니 '신적폐'라고 불려도 할 말이 없었을 것이다.

오구라 기조(小倉紀藏)가 《한국은 하나의 철학이다》에서 조선의 사대부는 도덕과 권력에 부(富)까지 거머쥐었다고 지적했는데, 고려의 권문세족에게 없는 도덕적 권력까지 업었으니 이들을 견제할 세력은 없었다. 이것은 정도전과 조준뿐이 아니다. 사림에서 도학의 계보로 받들어진 김종직, 정여창, 김굉필 등은 가옥 여러 채와 막대한 전답, 노비 수백 명을 두고 있었다. 이황만 해도 소유 노비가 367명이고 예안, 봉화, 영천, 의령, 풍산 등지에 걸쳐 논은 1,166마지기, 밭은 1,787마지기라는 엄청난 규모(약 36만 3,542평)였다.

나라가 시키는 대로 살았는데 왜 가난할까

신라는 바닷가에 위치한 나라,

현재의 8분의 1에 불과하였지.

고구려가 위쪽에서 침범해올 때

당(唐)은 아래에서 출병했는데

창고에는 곡식이 넉넉했기에

군량미를 잘 대주어 실수 없었지.

그 이유가 무엇인지 꼼꼼히 분석해보니

배와 수레를 사용한 데 있었다.

배로는 외국과 통상할 수 있고,

수레로는 말과 노새를 편하게 하였다.

이 두 기구를 다시 사용하지 않는다면

관중(管仲)이나 안자(晏子)인들 방법 있겠나.

(중략)

생리가 갈수록 졸아드는 것이 걱정된다.

지나치게 검약하면 백성이 즐겁지 않고

지나치게 가난하면 도둑이 많아진다.

조선 후기 실학자 박제가(朴齊家)가 《북학의(北學議)》에서 '재부론(財賦論)'이란 글에 남긴 시다. 그러면서 이렇게 덧붙였다.

지금 우리나라는 경상도 크기의 도가 여덟 개나 된다. 그러나 평상시에도 관리 한 사람당 한 섬의 녹봉밖에 주지 못한다. (청나라 황제의) 칙사라도 왔다가 가는 날이면 경비가 완전히 바닥난다. 우리나라는 태평시대를 누린 지가 100여 년으로, 위로는 외국을 정벌하거나 임금님이 지방을 순시한 일도 볼 수가 없고, 아래로는 백성들이 화려함을 즐기고 사치함을 좋아하는 풍속이 있음을 찾아볼 수가 없다. 그런데도 나라의 빈곤이 갈수록 심해지니 도대체 이유가 무엇일까?

박제가가 볼 때 조선은 신라보다 8배는 큰 나라인데 경제력은 신라만도 못한 것 같았다. 심지어 백성이 사치하는 것도 아니고, 일본처럼 해외에 대규모 원정을 갔던 것도 아니었다. 그런데 왜 가난할까?

그의 진단으로는 오히려 지나치게 검약을 강조하는 것이 문제였다. 유럽이 르네상스를 거쳐 산업혁명에 진입하던 16~18세기에 조선은 가난함을 미덕으로 삼고 있었다.

중종반정 후 연산군 때 개발한 단천 은광을 폐쇄했을 정도로 사대부들은 상업이 발달하고 거리에 돈과 물자가 넘쳐날까 봐 전전긍긍했다. 상업이 발달하면 백성이 순수함을 잃고 욕망에 사로잡혀 농사는 짓지 않고 '딴생각'을 품게 될까 염려한 탓이다. 그래서 사농공상(士農工商)으로 귀천을 나누고 무본억말로 이중 삼중의 잠금장치를 만들었다.

이들이 생각하는 이상적 세상은 백성 모두가 농사를 짓고, 주자가 가르쳐준 도리를 알고, 신분 질서에 맞는 분수를 지키며 사는 것이었다.

"백성이 상공업에 종사하면 간사해진다"

하지만 그렇게 사치를 성토하며 검소함을 권면했던 사대부들은
어땠을까.

> "안당이 아뢰기를 '우리나라는 사치의 풍습이 이미 이루어져서 쉽게 금
> 할 수 없습니다. 윗사람부터 아랫사람까지, 안으로는 궁금(宮禁)으로부
> 터 밖으로는 여염에까지 한결같이 검약을 숭상하여 사치를 일삼지 않
> 으면 아마도 금할 수 있으니, 윗사람이 몸소 행해야 하며, 그 밖에는
> 금할 법이 없습니다' 하니, 용개가 아뢰기를 '아래의 습속은 위에서부
> 터 만들어지는 것입니다' 하니, 안당이 아뢰기를 '이 말이 마땅합니다'
> 하였다.
>
> 사신은 논한다. 용개는 제도를 벗어나 아주 사치하게 집을 꾸미고, 아
> 름다운 첩을 많이 거느려 각각 다른 집에 두고서 날짜를 헤아려 돌면서
> 자고 다녔고, 남녀 하인들도 앞을 다투어 의복과 음식으로 아름다움을
> 뽐내고, 용개는 밤낮으로 주색에 빠져 지냈으며, 안당은 소격동에 집을
> 짓되 돌로 기둥을 만들기까지 하였으므로, 대간(臺諫)이 논박하였다. 이
> 두 사람은 다 자신이 절검하지 않았는데도 말하는 것은 그럴듯하였으
> 니, 부끄러울 일이다."　　　　　　　　　　　　《중종실록》 11년 7월 25일

유학자들의 상공업 천시는 유래가 깊다. 한(漢) 무제(武帝) 때의 유
명한 논쟁에서도 잘 드러난다. 당시 한나라 조정에서는 소금과 철

에 세금을 부과하는 일을 놓고 두 가지 목소리가 격렬하게 충돌했는데 이를 기록한 것이 《염철론(鹽鐵論)》이다.

> "말단인 상공업이 왕성해지면 근본인 농업이 축소되는 것입니다. 말단인 상공업에 종사하면 백성들은 간사해지고 근본인 농업에 종사하면 백성들은 정성스러워집니다. 백성들이 정성스러우면 재물의 사용이 골고루 풍족해지고, 백성들이 자기 이득만을 중시하고 사치스러워지면 굶주리고 추위에 떠는 자들이 나타납니다. (…) 국가에 기름진 땅의 여유로움이 있는데도 백성들의 먹을거리가 부족한 것은 상인이나 공인들이 성대해져 본업인 농업이 황폐해진 때문입니다. 이 때문에 상(商)나라의 반경은 초가집에 살았고, 우나라의 순임금은 황금을 숨겼으며, 한고조(유방)께서는 상인이나 장사치는 관리가 되지 못하게 했습니다."

이 주장을 편 것은 현량과로 뽑혀 문학(文學)이라는 직책으로 기록된 소장 관료다. 현량과는 조선 중종 때 기묘사림이 도입했다가 실패했던 바로 그 제도다. 유학적 소양을 인정받아 등용된 인사답게 상업을 멸시하는 관점을 노골적으로 드러낸다.

한나라 때도 이랬는데 조선에서야 두말할 나위도 없었다. 조선은 한나라 때 유학인 훈고학보다 훨씬 도덕 지향적인 성리학을 받아들인 나라였다. 그래서 사림이 정치에 본격 등장한 《중종실록》을 보면 상업에 대한 경계와 비하가 수도 없이 나온다.

"옛날에는 집 주위에 뽕나무와 삼을 심지 않는 자를 벌하고, 백성으로서 직업이 없는 자를 벌하였습니다. 근본인 농사를 힘쓰게 하고 말리(末利)인 상업을 억제하면 백성의 덕성이 순후하게 될 것입니다."

《중종실록》 5년 8월 15일

"요사이는 국가가 농정(農政)을 방치하고 여사(餘事)로 여겨 백성이 말업(末業, 상업)에만 몰리고 농사일은 하지 않으며, 맛나는 음식과 고운 옷을 입는 자들이 날로 많아져 옥송(獄訟)이 일어나므로, 간위(奸僞)가 더욱 심해지고 풍속이 점점 야박해집니다."   《중종실록》 12년 1월 11일

상업을 무시하고 농업만 바라본 사림

때로는 이를 근거로 노골적인 지역 멸시를 드러내기도 했다.

"예부터 전라도에 도적이 많다고 하는 것은 농사를 업으로 하는 자는 적고 장사를 업으로 하는 자가 많아서 장시(場市)에 의지하여 생활을 영위하기 때문인데, 무식한 수령은 그것이 금지해야 할 것인지도 모릅니다. (…) 경상도는 토지가 비옥하여 백성들이 모두 농업에 힘썼는데 장시가 선 뒤로부터는 그 폐단이 전라도와 다를 바가 없습니다."

《명종실록》 1년 2월 30일

사림, 조선의 586

나중에는 충청도로 중심이 이동했지만, 사림이 태동한 지역은 영남이다. 영남은 선진적인 강남 농법을 일찍 보급하면서 조선 전기 농업을 크게 발달시켰다.

사림이 상업을 무시하고 농업만으로도 백성의 삶을 살찌울 수 있다고 믿은 데는 이런 배경도 작용했을 것이다. 그러다 보니 국부를 늘리는 방법도 농업에서만 찾았다.

"지금 가뭄의 재변도 이 때문이 아닌 줄 어찌 알겠습니까? 바라건대 40세 이하의 중들은 도첩(度牒, 중이 된 사람에게 주는 허가증)이 있든 없든 물을 것 없이 모두 환속(還俗)시켜 농업에 종사하게 하소서. 그러면 재용(財用)이 넉넉하고 민심이 화평해져서 재변을 상서(祥瑞)로 돌릴 수 있을 것입니다."

《성종실록》6년 5월 13일

"수령들을 엄하게 단속하여 요역을 줄여 농시(農時)를 빼앗지 못하게 하고, 분명히 유사(有司)에 분부해서 게으르게 노는 사람을 금하여 많은 농민이 농토를 맡아 농사에 힘쓰도록 해서 거의 실효를 거두게 된다면, 재물이 풍족해지고 먹을 것이 넉넉해져 효제(孝悌)를 일으키게 될 것이니, 나라 다스리는 요법(要法)은 이보다 우선할 것이 없습니다."

《중종실록》12년 1월 11일

사림 못지않게 586 역시 농업에 대한 환상이 있다는 것을 몇 해 전 알게 됐는데, 박원순 전 서울 시장 시절 서울 도심 한복판에서 농사를 짓겠다고 벌인 이벤트를 보면서다. 종로구 구청장은 실제 광화문 광장에서 모를 심기도 했다. 물론 지속 가능할 리가 없었다. 내 눈에는 '먹물'들의 판타지 세계를 구현해 본 쇼처럼 보였다.

이렇게 조선의 엘리트들이 '농업만이 살길'이라며 국부론을 설파하던 16세기 초, 한양과 엇비슷한 교토의 인구는 15~18만 명이었는데, 이 중 10만 명가량이 상공업에 종사했다.

국법으로 금지된 민간 무역

시장이 작고 자원이 부족한 나라가 부강해지는 길은 무역뿐이라고 해도 과언이 아니다. 이것은 과거 그리스를 비롯해 영국을 거쳐 지금의 대한민국까지 무수한 나라의 역사가 증명해온 바이기도 하다. 특히 15세기 이후 대항해 시대가 열리면서 조선 같은 반도 국가는 바다로 나아가는 것이 필수였다.

하지만 조선 지도층은 필사적으로 무역을 막으려 했다. 외국과 교역하면 상업이 흥하고 농업을 멀리하고, 외국에서 기이한 학설이 들어와 성리학 세계를 오염시킬까 봐 두려워했기 때문이다. 그럼에도 일부 백성은 관아의 눈을 피해 소규모 무역에 나섰는데 발각되면 엄하게 처벌됐다.

다음의 기록을 보자.

"용산에 사는 조례(皂隷, 천인 계급) 이산송(李山松)이 우리를 꾀어내어 배 한 척에 각기 목면을 싣고 충청도 홍주의 홍양곶에 가서 사기(沙器)를 무역하여 그곳에 두고 왔습니다. (…) 용산에 사는 송두을언(宋豆乙彦)의 배에 같이 타고 홍주로 또 가서 전에 사기를 두고 온 곳에서 사기와 잡물을 실었습니다. 산송은 제주를 향해 출발한다고 거짓말을 하고 바닷길로 거의 14~15일을 가서야 비로소 육지에 닿아 있는 조그마한 섬에 정박했습니다. 그는 곧 먼저 사람 사는 곳에 가서 한 사람을 데리고 와서 서로 이야기하였는데, 그 사람은 우리말과 중국어를 꽤 잘했고 산송도 중국어를 했습니다. 이날 저녁에 물이 들자 배를 끌어다 해안에 대고 보니 바로 육지에 닿아 있는 곳이었습니다. 산송이 무역한 물건을 비록 자세히 알지는 못하지만 대개 사기와 잡물을 가지고 중국의 기장·쌀·좁쌀·붉은콩·배추씨 등의 곡식과 바꾸었습니다. (…) 그런데 이 일은 국법에 크게 금지하는 일이라고 들었으므로, 우리가 자진하여 고발하는 것입니다." 《중종실록》 28년 2월 6일

이렇듯 엄격하게 무역을 막았지만 양반 관료들은 '다른 통로'를 만들었다.

앞에서도 언급했듯이 조선에서 허용되는 무역은 두 종류였다. 왜관에서 제한적으로 진행되는 대마도와의 무역과, 중국에 가는 사신을 통한 거래다. 그런데 대마도와의 무역은 국교 차원에서 유지하는 형식적인 관계였고 국내에서 이뤄지는 만큼 '보는 눈'이 많아 개입할 수 있는 여지가 적었다. 따라서 눈독을 들인 것이 사신

6장 무본억말 조선의 망국

을 통한 대중 무역이었다.

대중 무역은 상업적 용도가 아니라 북경에 가는 사신의 경비를 조달하고 궁에서 필요한 약재나 서적, 또한 사라능단(紗羅綾緞)이라고 불리는 고급 비단을 구입하기 위해서 예외적으로 허용되는 수준이었다.

중국에 팔 물건이 사신의 수레에 가득

그런데 권력자들은 이것을 악용해 편법으로 사익을 취하는 경우가 적지 않았다. 중국 북경에서 거래하고 오니 사절단끼리 '입단속'만 잘하면 안전했기 때문이다. 하지만 세상에 비밀이라는 게 있겠는가.

> "사(使)·부사(副使)도 물화(物貨)를 많이 가져가므로, 짐을 실어 나르느라고 사람과 말이 모두 고달픈데, 이것은 서장관(書狀官)이 잘 검거(檢擧)하지 못하기 때문입니다." (현석규)
> "사·부사 가운데 혹 바르지 못한 자가 있기는 하나 어찌 모두 다 그러하겠는가?" (성종)
> "신은 성상께서 사·부사를 믿지 못하시게 하려는 것이 아니라, 사실을 아시고서 깊이 생각하여 도모하시도록 하려는 것입니다." (현석규)
>
> 《성종실록》 6년 5월 4일

"북경으로 가는 행차에 장사치들이 통사(通事)와 결탁하여 짜고서 물건 판매를 의뢰하고 부탁하는데, 재상들도 또한 그런 일이 있다. 이로 인하여 서도(西道)의 백성들이 물건을 나르고 전달하는 데에 애를 먹어 스스로 존립할 수가 없다. 경 등은 나의 뜻을 본받아서 엄하게 규찰(糾察)을 더하도록 하라." 《성종실록》 8년 10월 21일

사신이 한 번 북경으로 갈 때마다 중국에 팔 물건이 수레에 넘쳐났다. 이를 옮기는 것은 중국과 국경을 인접한 평안도 주민들에게 떠넘겨졌다. 이에 대한 지적은 수도 없이 나왔지만 근절되지 않았다. 이들은 적발되면 '통사(통역관)'의 탓을 했지만 그를 관리 감독할 사신들이 비호해주지 않고서야 있을 수 없는 일이었다. 그리고 권력자들도 남 탓을 할 처지는 아니었다.

"민효증은 말하기를 '임사홍이 중국어를 배움이 어찌 국가를 위함이겠습니까? 또 임사홍의 이번 행차는 바로 그 아들 임숭재(任崇載)가 공주(公主)에게 장가들었기 때문에 사라능단을 무역하려는 것뿐이니, 그를 사신으로 보낼 수 없음은 절대적인 것입니다." 《성종실록》 21년 9월 3일

"지난해의 동지사(冬至使, 조선 시대 동지 전후로 명나라와 청나라에 보내던 사절) 송복견(宋福堅)과 김언(金漹)은 모두 식견 있는 당상관으로서 이미 사신의 임무를 받았으니 의당 삼가고 경계해야 할 것인데도 많은 물건을 짐바리에 싣고 가서 함부로 무역하여 잔폐한 역(驛)을 거듭 잔폐하게 하였

고, 오가는 사이에도 절도 없이 황음(荒淫)하여 사명(使命)을 욕되게 하였
습니다." 《명종실록》3년 3월 26일

"중국에서는 항상 우리나라의 부경사신(赴京使臣, 조선에서 북경에 공식적으
로 파견한 사신)을 보면 '조선의 큰 장사꾼'이라고 한다 하니 어찌 통탄스
럽지 않은가. 경이 도임한 뒤에는 의당 누적된 악습을 모두 쓸어내고
이런 무리들을 엄하게 다스려 한결같이 공사(公事)를 봉행하고 국법을
지킬 것을 마음에 새겨, 몰래 인삼을 가지고 행상하는 무리와 부경사신
을 따라 인삼을 갖고 몰래 강을 건너는 자는 엄하게 적발하여 법으로
다스리라." 《선조실록》39년 11월 10일

그런데 국왕도 예외는 아니었던 것 같다.

"특진관(特進官) 조원기(趙元紀)가 아뢰기를 '전날 통사를 추고할 때에 보
니, 모두 국왕이 사 오게 했다고 일컬어 부끄러운 일이 많이 있었습니
다. 만약 국가에서 특별히 사 오게 하는 일이 없다면 통사가 어떻게 사
사로 사 올 수가 있겠습니까' 하니 상이 일렀다. '사 오는 일은 전에도 있
었다. 그런데 요즈음은 인심이 간교하고 사특하여 공무역이라 빙자하
고서 사무역을 자행하고 있다. 만약 사신을 가려서 보낸다면 이와 같은
일은 자연히 규찰될 것이다." 《중종실록》27년 9월 24일

조원기의 말이 재미있다. 북경에 가서 무역을 하다가 들킨 통사

를 추궁하니까 "국왕이 (중국 물건을) 사 오게 한 것"이라고 둘러댔다는 것이다.

그러자 입장이 난처해진 중종은 통사가 공무역을 빙자해 사사롭게 무역한 것이라고 변명하고 있는데, 진실을 누가 어떻게 밝힐 수 있겠는가.

사라능단에 집착한 조선의 지배층

이 같은 행태는 외교 문제로 비화하기도 했다. 조선에서 간 사신들이 물건을 사고파는 데 열중하니까 중국 측에서 이들의 숙소 주변에 울타리를 치고 외부와 격리한 것이다.

민망한 에피소드도 있다.

> "사헌부가 아뢰기를 '한학교수(漢學敎授, 사역원 종6품) 김기(金驥)가 전에 북경에 갔을 때에 몰래 금물(禁物)을 가지고 가 담을 넘어가 매매하다가 중국 사람에게 붙들렸습니다. 이에 중국 사람들의 노여움을 자아내어 드디어 문금(門禁)을 세우게 함으로써 욕이 본국에 미쳐 공론이 일어났으므로 형신(刑訊, 죄인을 고문하면서 심문하는 일)을 요청하였습니다.'"
>
> 《명종실록》 5년 2월 22일

나라 망신이었다. 조선에서도 사태를 심각하게 여겼는데, 대책

이라고 내놓은 것은 무역을 완전히 근절하는 게 어떻겠느냐는 것
이었다.

> "지평(持平) 이영(李瑛)이 아뢰었다. '중국이 우리나라 사신 일행을 대하
> 는 도리가 전혀 예전과 같지 않습니다. 문금이 매우 엄하여 가시울타리
> 를 설치하기까지 하니 달자(㺚子)를 대하는 것과 다름이 없습니다. 통사
> 등이 오직 이욕에 빠져 못 하는 짓이 없어 중국 사람이 이처럼 대하게
> 만들었으니 국가에 욕됨이 이보다 심한 게 있겠습니까. 신의 생각으로
> 는, 북경에서의 무역을 일절 금단하고 약재나 비단 등 부득이한 국용(國
> 用)의 물건만 요동에서 무역하며, 중국에 가는 사행이 가지고 가는 짐은
> 의복과 양식에 한정한다면, 중국의 일로 사람들은 반드시 모두 공경히
> 대우할 것이라고 봅니다.'" 《명종실록》 5년 2월 27일

> "영의정 심연원(沈連源), 좌의정 상진(尙震), 우의정 윤개(尹漑)가 아뢰기를
> '문금이 시작된 것은 우리나라에서 물화를 가지고 가서 통무(通貿)하였
> 기 때문입니다. 금후부터는 절대로 하지 말게 하소서.'"
> 《명종실록》 7년 4월 12일

그런데 무역을 완전 금지할 수 없는 이유가 있었다. 당시 고위층
이 사라능단이라면 환장했기 때문이다. 국왕도 고관들도 '무역을
없애긴 해야 하는데…'라고 동의하면서도 결국 사라능단 때문에 완
전히 없애지는 못했다.

"박원종(朴元宗)이 아뢰기를 '사라능단은 우리나라의 물산이 아닌데 재상들이 입기를 좋아하므로 통사들이 많은 금은을 가지고 가서 무역하여 폭리를 취하고 있으니, 청컨대 채단(彩段)의 착용을 금지하도록 하소서.'"

《중종실록》 3년 11월 6일

"사라능단을 이미 쓰지 못하도록 했는데, 다시 생각해보니 처리하기가 진실로 어렵다. 종실(宗室)·재상 및 부녀들의 겉옷은 모두 아청색(鴉靑色) 비단으로 마땅히 중국에서 무역해야 하고…."

《중종실록》 11년 11월 2일

이처럼 왕을 비롯한 조선 지배층의 사라능단 집착이 대단해서 명종 때도 이 문제가 불거지자 영의정 심연원은 "당상관 이상이 사라능단을 입는 것은 곧 조종조의 구법(舊法)이니 제한해서는 안 됩니다"라고 주장했고, 우의정 윤개도 "어복(御服)에 쓰이는 없어서는 안 될 물건은 수시로 북경에 가서 약간씩 무역한다면 중국에서 비루하게 여기기까지는 않을 것입니다. 그리고 재상들이 사라능단을 입어온 지는 이미 오래되었으므로 금할 수는 없습니다"라고 맞받았다.

사라능단은 양반 권세가의 위엄과 권위를 보여줄 수 있는 상징이었다. 그러니 모든 무역을 다 막으면서도 사라능단을 위한 통로만큼은 유지시키자는 것이었다.

조선이 망하지 않고 500년을 버틴 이유

조선이 500년간 망하지 않고 버틴 이유는 무엇일까? 여러 가지 이유가 있겠지만 그중 하나를 꼽으라면 백성의 90%가 가난했던 게 주된 원인일 것이다. 몇몇 양반 명문가와 중인 극소수를 제외하면 백성 대부분이 극도로 가난했다. 옆집을 봐도 뒷집을 봐도 전부 겨우 끼니를 때우는 수준이고, 서당에 보내거나 사치품을 사는 것은 꿈도 꿀 수 없는 곳에서 무슨 욕심을 내고 잘살아 보겠다는 의욕이 생기겠는가.

조선 성리학자들이 보기에 고려는 상업을 진흥해 화려하고 문란한 생활을 즐겼고 이로 인해 탐욕으로 찌들고 도덕이 무너졌다. 그랬기 때문에 성리학자들은 강력한 억말 정책을 펼쳐 상업을 천시하고 눌렀다. 재화를 만들어 유통하고 상업을 발달시키고 무역을 해서 경제의 파이를 키워야 한다는 생각은 손톱만큼도 없었다.

상인이 배를 타고 외국에 가는 것은 철저히 통제했고, 중국과는 조공 사절에 수반된 육로 무역만 허용했다. 바닷길을 막고 나라의 문을 걸어 잠그는 해금(海禁)과 쇄국 정책이 채택된 것이다. 사대부들은 무역으로 얻을 수 있는 경제적 이익보다는 상업이 활성화되고 외국 풍습이 들어와 유교의 윤리가 타락하는 폐해가 훨씬 크다고 믿었다.

그 결과 조선의 국내총생산에서 무역이 차지하는 비율도 극히 미미했다. 청나라와 일본 사이에서 삼각무역을 진행하며 은 유입이 급증했던 16세기 중엽에야 겨우 1%로 늘었을 정도인데, 조선의 무역 의존도는 세계 평균보다 언제나 낮았다. 조선의 르네상스라 불리는 18세기에도 최대 교역국인 청나라와의 무역액이 국내총생산에서 차지한 비율은 1.5% 수준에 불과했다. 이는 같은 시기 영국의 무역이 GDP에서 차지한 26%에 비교하면 현격한 차이였다.

절대적 빈곤이 초래한 체념과 무기력

조선 중기 이후 재정에 대한 논의를 보면 국고가 풍족해 국책 사업을 벌여 경제력을 확대하거나 국방력을 확충한다는 등의 내용은 찾아볼 수가 없다. 매년 백성을 먹이는 것만으로도 버거워하는 내용이 대부분이다. 수백 년간 사림의 머리에서 짜낸 경제 개혁안이라고 해봐야 세금 부담을 어떻게 줄일까 정도였다.

임진왜란과 병자호란 등 일방적으로 침략만 당하는 역사의 이면에는 이런 사정이 있었다. 평화를 사랑해서가 아니라 타국에 쳐들어갈 군사력은커녕 침략을 막아내고 이를 감당할 재정 자체가 없었다. 일본은 30만 명의 군사로 바다를 건너 쳐들어왔지만, 조선에서는 10만 명을 양병하는 것도 버거워했다.

중국처럼 국내 시장이 큰 것도 아닌데 무역도 하지 않으니 나라 안에 돈이 돌 수가 없었다. 구한말 개항 이후 자주적 근대화를 이루는 데 힘이 들 수밖에 없었던 이유다. 온 나라에 돈이 없으니 일본 메이지유신의 주역인 조슈번(長州藩)과 사쓰마번(薩摩藩)처럼 중앙 정부에 대항할 만한 세력이 지방에 나타날 수도 없었다. 신라 말에 등장한 왕건처럼 무역 거점에 기반한 지방 세력이 등장한다는 것은 불가능한 이야기였다.

절대적 빈곤이 무서운 점은 집단적 체념과 무기력에 빠뜨린다는 것이다. 나와 별 차이 없는 것 같은 이웃이 잘살게 되면 어떻게든 따라잡고 싶어 애쓰게 된다. 배가 아파서라도 말이다. 그 와중에 발전의 비결을 알아내고 혁신이 일어나기도 한다. 미국의 수많은 발명품과 소비재의 역사에는 이런 과정들이 점철되어 있다.

하지만 모두가 빈곤한 사회에서는 이야기가 다르다. 그냥 다 같이 빈곤하게 사는 것에 별다른 불만을 느끼지 않고 받아들이게 된다. 요즘으로 치면 부동산 문제를 해결하려면 모두가 집을 갖는 것이 불가능한 사회를 만들면 되는 것이다.

자기 집을 마련하려고 모두가 애쓸 필요가 없으면 행복해진다는 논리다. 나도, 친구도, 회사 동료도 모두 임대주택에서 살게 되면 뭐가 억울한가. 굳이 돈을 아등바등 모을 필요가 있나. 모두가 가재, 붕어, 개구리가 되어 욕심을 내지 않고 자기 분수에 맞게 사는 사회. 그것이 조선에서 사림이 꿈꿨던 이상적인 향촌 사회의 모습이다.

조선은 외부로 향한 문을 철저히 닫아놓고 그렇게 하향평준화로 사회적 안정을 이룬 나라였다. 개인의 수양 차원에서 머물렀으면 좋았을 춘추의리와 안빈낙도 같은 개념이 국가의 중요 어젠다

로 자리 잡은 결과였다. 물론 사람들이 자신의 말과 신념을 100%
실천했던 것은 아니다. 그런 위선이 극명하게 드러난 주택 문제를
보자.

도성 안의 집 매매와 전세를 모두 금지

조선 시대 때 검소함을 가장 강조한 국왕은 영조다. 각심이 소생
인 그는 출신 성분에 대한 콤플렉스를 극복하기 위해서였는지 도
덕적 결벽증 같은 것이 있었다. 그런데 자신에게 엄격했던 기준
을 사회에도 강요하곤 했다. 방식도 꽤 극단적인 면이 있었다. 다
른 국왕 때는 길어야 1년가량에 불과했던 금주령을 그는 무려 11년
이나 이어갔다. 술을 만들거나 팔면 섬으로 귀양을 보냈고, 양반인
경우엔 과거 응시 기회를 박탈했다. 과격한 접근법은 주택 문제에
서도 마찬가지였다.

한양의 주택 가격은 조선에서도 오랜 골칫거리였다. 수용 가능
한 규모는 10만 명 남짓인데, 그보다 훨씬 많은 인구가 모여들었
기 때문이다. 영조가 생각한 해결책은 간단하지만 거칠었다. 관료
들이 일반인의 집을 사들이는 것을 막는 한편, 도성 안의 집 매매
와 전세를 모두 금지해버린 것이다. 이를 어기면 관리는 벼슬길을
2년 동안 막고, 유생들은 6년간 과거 시험 응시 자격도 박탈했다.
또 일반인의 집을 사들인 공직자들에겐 1년 안에 모두 집을 내놓도

록 했다. 그러면 투기가 불가능해져서 한양의 집값이 안정될 거라고 생각했다. 그런데 막상 이 법이 실행되자 생각지도 못한 일들이 벌어졌다.

일단 영조 주변부터 난리가 났다.

"좌의정 김상로(金尙魯)가 차자(箚子, 약식 상소문)를 올렸는데, 대략 이르기를 '신과 중신(重臣) 원경하(元景夏)가 장통교(長通橋) 남쪽에 여염집을 사서 이웃이 되어 차례로 들어가 산 것은 모두 10여 년 전의 일인데, 신이 개천(청개천) 북쪽으로 옮겨 산 지는 겨우 3년이 되었고 중신은 아직 그대로 살고 있습니다. 그런데 이제 중신은 그대로 살다가 죄를 받았고, 신은 옮겨 살았기 때문에 요행히 면하였습니다. 청컨대 신이 일찍이 법금(法禁)을 범한 죄를 살펴 바루소서.'" 《영조실록》 30년 7월 1일

원경하는 부제학 등을 역임한 고위 관료였다. 원경하와 좌의정 김상로가 법을 어기고 장통교 인근 일반인의 집을 사들여 살았는데 원경하만 적발되었다. 그러자 좌의정 김상로는 자신도 들키는 건 시간문제라고 생각해 자수한 것이다.

문재인 정부 고위층과 여당 의원들이 1주택을 강요하고 다주택자와 강남 주민들은 투기꾼으로 몰아붙이고는 정작 자신들이 강남에 집이 있고 다주택자에 임대료도 받고 있어 서민들 가슴에 불을 지른 게 여론도 돌아서게 만들었다. 그런데 알고 보니 조선도 별반 다르지 않았다는 이야기다. '내로남불'이 이렇게 뿌리가 깊다.

매매를 막아도 급등한 한양 집값

그렇다면 영조는 떳떳했을까. 영조의 자녀들도 한양의 집값 흔들기는 마찬가지였다. 영조 10년, 부제학 이종성(李宗城)의 상소 중 일부다.

> "옹주가 사여(賜與)받은 저택 옆에 여염집을 많이 사서 장차 개척(開拓)하여 집을 지으려 한다고 합니다. 모르긴 하지만 전하께서 과연 이런 일이 있으십니까, 없으십니까?" 《영조실록》 10년 8월 15일

조선에서는 왕의 딸이 결혼으로 독립하면 주택을 받았다. 그런데 그것이 맘에 차지 않았는지 집을 증축한다고 주변의 가옥을 대량 매입해서 재건축에 들어갔던 모양이다. 엄연한 불법이었다. 영조의 강력한 주택 규제안은 자녀와 측근들에 의해 안에서부터 무너지고 있었다. '내로남불'도 문제였지만 영조의 접근법은 근본적인 대책이 될 수 없었다.

한양의 주택 문제는 투기가 아니라 구조적인 데서 찾아야 했다. 한양의 면적은 약 500결, 10만 명 정도가 살 만한 크기로 조성된 도시였다. 그런데 조선 시대는 농업이 크게 발전했고, 관직에 오르거나 군역을 지는 등의 문제로 한양에 올라오는 인구가 크게 늘었다. 임진왜란에도 불구하고 17세기가 되면 20만 명까지 늘었다. 주택난이 심화할 수밖에 없었다.

물론 일부 고위 관료들의 다주택 문제도 상황을 악화시켰다. 이미 성종 때부터 고위 공직자의 2주택 문제가 불거졌다.

> "듣건대 '소격서 앞에 정효상(鄭孝常)의 집이 두 채나 있으며, 재상들이 서로 다투어 두 채씩 짓기 때문에 소민(小民)들이 성안에 살 수 없다' 하니, 그 폐단이 작지 않다." 《성종실록》12년 1월 27일

그렇지만 주택난 문제는 이미 세종 시대부터 꾸준하게 거론됐다. 그러니 이를 해결하려면 한양의 도성 범위를 넓히든가, 주변에 대규모 택지를 마련하든가 해야 했는데, 영조도 매매 금지라는 강력한 억제책으로만 이를 잡으려 했다. 이런 대책이 성공하지 못했다는 것은 여러 자료로 증명된다.

지금까지 전해지는 18세기 장통방(서울 남대문로와 서린동 일대)의 주택 매매 기록에는 당시 한양 집값의 변화가 고스란히 담겨 있는데, 그중 하나를 보면 1719년 160냥에 거래된 집이 1764년엔 200냥, 1769년엔 300냥, 1783년엔 350냥으로 올랐다. 뒤로는 알음알음 거래도 이뤄지고 심지어 영조 40~45년(1764~1769년)엔 5년 만에 집값이 50%가 뛰었다. 공식적인 거래를 막아 매물이 부족하다 보니 가격이 급등한 것이라고 본다면 지나친 억측일까.

'인 서울'의 중요성을 강조한 정약용

모두가 상부상조하는 이상적인 촌락 사회를 추구하고, 상인과 재화가 모여드는 도시를 부정적으로 묘사하던 사대부들도 조선 중기가 지나면 다른 모습을 보인다. 정작 자신들은 한양을 벗어나지 않으려 하는 것이다. 조선 후기 실학자 서유구(徐有榘)는 이렇게 묘사했다.

"예전에는 조정에서 벼슬하는 사대부들치고 시골집을 두지 않은 자가 없어서, 관직이 있으면 한양으로 오고 관직이 없으면 시골로 돌아가기 때문에 한양 집을 여관 보듯 하였다. 이로 인해 농사와 벼슬살이 둘 다 잃지 않고 거취와 출처에서 넉넉하게 여유를 가질 수 있었다. 내가 괴이하게 여기는 한 가지 사실은 근세의 벼슬아치들은 성 밖 10리 너머의 땅을 거의 황폐한 변방이나 더러운 시골구석이라 하여 하루도 살 수 없는 것으로 본다는 것이다. 벼슬길이 떨어진 뒤에도 자손을 위하는 자들이라면 번화한 한양 거리를 한 발짝도 벗어나려 하지 않는다. (…) 굶주림과 추위가 몸에 닥치면 할 수 없이 선조로부터 물려받은 전답을 몽땅 팔고 지붕 새고 구들 꺼진 집 하나를 멍하니 지키고 살 뿐이다."

다소 의외일 수도 있지만 '인 서울'의 중요성을 누구보다 강조한 사람이 정약용이다. 그는 전남 강진에서 18년간 귀양살이를 하면서 《경세유표(經世遺表)》, 《목민심서(牧民心書)》 등을 남기며 많은 사회, 경제적 개혁을 주창하고 지방의 피폐함을 가슴 아파했지만, 정작 자신의 자식들은 한양에서 혜택을 맛보기 바랐다. 그가 귀양살이를 하며 아들에게 보낸 많은 편지를 보자.

"혹여 벼슬에서 물러나더라도 한양 근처에서 살며 안목을 떨어뜨리지 않아야 한다. 이것이 사대부 집안의 법도이다. (…) 내가 지금은 죄인이 되어 너희를 시골에 숨어 살게 했지만, 앞으로 반드시 한양의 십 리 안에서 지내게 하겠다. (…) 분노와 고통을 참지 못하고 먼 시골로 가버린다면 어리석고 천한 백성으로 일생을 끝마칠 뿐이다."

비록 폐족의 신분이 됐지만 어렵더라도 한양 생활을 고수해야 하며, 만약 한양이 어렵다면 적어도 한양에서 10리 밖으로 벗어나선 안 된다고 신신당부하고 있다. 그러면 정약용을 비롯한 당시 사람들은 왜 한양을 벗어나지 않으려 했을까? '인 서울'의 특혜가 워낙 컸기 때문이다.

서유구는 자손의 벼슬길을 위해 학문 정보를 습득하기에 유리한 한양을 떠나지 않으려 한다고 말했다. 18세기 이후 한양을 중심으로 형성된 정보와 지식의 네트워크로부터 소외되지 않으려던 것이다.

18세기 한양의 인구는 20만 명 정도

1789년(정조 13년) 문과 급제자 현황 역시 한양 집중화의 한 면모를 보여준다. 당시 서울의 인구(18만 9,153명)는 전국 인구(740만

3,606명)의 2.6%에 불과했는데 문과 급제자는 45.9%를 차지했다.

조선 시대엔 3년마다 치르는 정규 문과 외에도 별시, 증광시 등 비정기적으로 치르는 과거 시험도 있었다. 한양과 경기 지역은 거리적 이점 때문에 영남, 호남, 서북 지역보다 비정기적 과거를 보기에도 여건이 좋았다. 한양 인근에 거주한 근기남인(近畿南人) 출신인 정약용은 '인 서울'의 중요성을 누구보다 잘 알았으므로 '내 자식'은 한양에서 잘되기를 바랐던 것이다.

18세기는 흔히 '조선의 르네상스'라고 불린 때였다. 한때 한국 학계에선 조선의 자본주의 맹아론이라고 해서 당시 자본주의의 싹이 움트고 있었다고 주장하고 이것이 널리 통용되었다.

18세기 한양 인구가 20만 정도였다고 한다. 당시 북경과 에도가 100만, 오사카는 50만에 달했지만, 18세기에 인구 20만을 넘기는 도시는 많지 않았다. 외형만 보면 한양은 근대 산업이 발달하고도 남을 도시였다.

문제는 내부였다. 20만 중 절반은 노비로 묶여 있어 노동자가 될 수 없었고, 그 외엔 대부분 농사를 짓거나 과거를 치러 관료가 되는 길만 있었다. 집안과 머리가 받쳐줘 정규 교육을 마친 사람들은 공공 영역만 바라봤고 공무원이 '꿈의 직장'인 나라였다. 조선이 추구한 이상 국가는 민간의 활력은 사라지고 사대부만을 위한 나라였다. 16세기 도덕 정치, 공론 정치, 도학 정치를 부르짖은 사림의 정치가 만든 '매트릭스'였다.

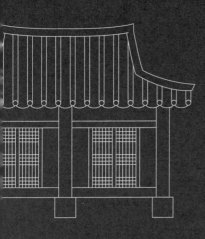

"우리나라가 왕업을 일으킨 근본은 중국을 높이고 이적을 배척한 데
있지 않겠습니까. 자손이 이 도리를 배반하면 반드시 천의와 민심을
거슬러서 나라를 보존할 수 없는 것입니다. 오늘날 혹시라도 이 도리를
배반하면 반드시 천의와 민심을 거슬러서 하루도 살아남을 수 없을
것입니다."

《인조실록》 14년 9월 22일

7장

사림의 반청과
586의 반일

2차례 호란과 대기근을 겪은 17세기

17세기는 조선에 너무나 가혹한 시기였다. 전반에는 두 차례의 호란을 겪었고, 후반에는 유례없는 대기근에 시달리면서 힘겨운 100년을 보냈다.

기근이야 천재(天災)라고 하지만 호란, 특히 1636년 일어난 병자호란은 전형적인 인재(人災)에 가까웠다. 실리보다 명분을 중시한 성리학적 가치관과 중화(中華)에 빠진 세계관이 복합적으로 작용해 나라를 누란으로 몰고 간 지배층의 무능이 가져온 결과였다. 그래서 일각에서는 선조를 무능한 군주로 꼽지만 나는 그보다 인조가 훨씬 무능한 임금이라고 본다.

왜냐고? 임진왜란은 피할 수 없는 전쟁이었다. 선조가 아니라 그 누가 국왕이었다고 해도 피해 규모만 달랐을 뿐, 도요토미 히데요시(豐臣秀吉)의 침략 야욕을 꺾을 수는 없었을 것이다. 반면 병자호란은 말 그대로 인조가 외교하기에 달린 사건이었다.

낙관적이고 순진한 사고와 특정 국가에 대한 맹목적 굴종 및 혐오가 어떤 결과로 이어지는지를 여실히 보여준 것이 병자호란이었다.

17세기 초 조선이 후금과 갈등을 빚게 된 데는 인삼 경쟁, 포로 송환, 사르후 전투 파병 등 다양하고 복합적인 요인이 작용했다. 다만 가장 직접적인 요인을 꼽는다면 기근과 모문룡(毛文龍)이 빠질 수 없다.

17세기 동아시아에는 소빙기가 본격화됐다. 특히 후금은 치명적인 타격을 입었다. 안 그래도 농업 숙련도가 부족해 한인(漢人)이나 조선인에게 농사를 맡길 정도였는데, 기후가 불순해지자 즉각적인 식량 위기로 이어진 것이다. 그 시기 후금은 중원 정벌은커녕 정권의 존립을 걱정할 처지였다.

1627년 1월 아민(阿敏)이 이끄는 3만 명의 군대가 일제히 압록강을 건넌 사건(정묘호란)은 식량난을 타개하기 위한 목적이 컸다. 후금은 화의 과정에서도 교역을 강조했고 국경 지대에 시장을 열기로 합의했다. 그 과정에서 잡음이 아주 없지는 않았지만, 이 문제는 조선과 후금이 그럭저럭 타협에 도달할 수 있었다.

'뜨거운 감자' 명나라 모문룡 딜레마

반면 모문룡 문제는 양국이 합의점을 찾기 어려웠다. 모문룡은 명나라 말기의 장수다. 그의 부대는 만주가 후금에 넘어갈 때 도망쳐 평안도 철산 앞바다의 가도(椵島)에 주둔해 있었다. 병력이 많은 것은 아니었지만 중원을 도모하려는 후금으로서는 배후에 도사리고 있는 성가신 존재였다. 이를 지원하는 것은 조선이었다.

후금은 모문룡에 대한 지원을 중단하라고 조선에 여러 차례 요구했지만 명나라를 '부모'로 받드는 조선으로선 따르기 어려웠다. 특히 광해군을 끌어내리면서 대명 사대 문제를 지적했던 인조와 서인 정권은 자칫 집권의 정당성마저 흔들릴 수 있다고 봤기 때문에 더욱 곤혹스러웠다. 그래서 조선 입장에선 차라리 교역 문제를 양보하는 편이 나았다.

이렇게 외교적 비용을 치르게 만든 모문룡이지만 정작 조선에는 아무런 도움이 되지 않았다. 그가 가도에 온 것은 광해군 때다. 1621년 심양과 요양이 후금에 넘어가면서 쫓겨 온 그를 광해군은 가도에 있도록 권했다. 조선 입장에선 그를 쫓아낼 수도 방치할 수 없었기에 택한 미봉책이었다.

모문룡은 이런 상황에서도 오히려 조선에 식량을 요구하며 매년 10만 석을 징발했다. 조선에는 부담스러운 양이었지만 모문룡은 그런 사정쯤은 개의치 않았다. 할당액을 맞추지 못하면 주변을 약탈했다. 이에 분개한 의주 부윤 이완(李莞)이 모문룡의 군사를 잡아다 곤장을 치다가 오히려 강등됐다. 이후 지방관들은 모문룡의 행패를 쉬쉬하고 덮는 데 급급할 수밖에 없었다.

모문룡은 후금과 한 번도 제대로 싸우지 않으며 18차례 승리했다고 거짓 보고를 올렸고, 정작 정묘호란 때는 가도에 틀어박혀 꿈쩍도 하지 않았다. 그러면서 명나라에는 조선이 후금과 내통한다고 보고를 올려 역으로 조선을 궁지에 몰기도 했다. 그는 전형적인 사기꾼이었다.

1629년 3월 가도에 갔던 특진관 이경직(李景稷)은 "모문룡의 군세가 너무나 피폐해져 있으며, 군대 수를 과장하고 많은 여자를 거느리고 살면서 명나라에 거짓 보고나 올리고 있습니다. 도망쳐 온 명나라 백성들도 달리 의지할 곳이 없기 때문에 부득이하여 붙어 있는 것이지, 진심으로 복종하고 있지 않았습니다. 군율도 엉망이며, 병력과 장비도 전혀 쓸 만한 것이 없었습니다"라고 보고했다.

조선은 자신의 권익을 지키지 못한 채 그런 모문룡에게 언제나 끌려다녔다. 결국 같은 명나라 장수인 원숭환(袁崇煥)이 그를 처단하면서 겨우 '해방'됐다. 외국 군대가 자국 백성을 괴롭히고 외교적 위험에 빠뜨리는데도 제지하지 못한다는 건 심각한 문제였다.

"중국에 죄 짓고, 백성들 원한을 샀노라"

잠깐 시계를 앞으로 돌려보자. 인조 정권의 외교를 살펴보려면 대척점에 서 있었던 광해군 정권과 대비하는 편이 효과적이기 때문이다.

"우리나라가 중국을 섬겨온 지 200여 년이 지났으니 의리에 있어서는 군신의 사이지만 은혜에 있어서는 부자의 사이와 같았고, 임진년에 나라를 다시 일으켜준 은혜는 영원토록 잊을 수 없었던 것이다. 이리하여 선왕께서 40년간 보위에 계시면서 지성으로 중국을 섬기시며 평생에 한 번도 서쪽으로 등을 돌리고 앉으신 적이 없었다. 그런데 광해는 은덕을 저버리고 천자의 명을 두려워하지 않았으며 배반하는 마음을 품고 오랑캐와 화친하였다. 이리하여 기미년(1619년 사르후 전투를 가리킴)에 중국이 오랑캐를 정벌할 때 장수에게 사태를 관망하여 향배(向背)를 결정하라고 은밀히 지시하여 끝내 우리 군사 모두를 오랑캐에게 투항하게 하여 추악한 명성이 온 천하에 전파되게 하였다. 그리고 우리나라에 온 중국 사신을 구속 수금하는 데 있어 감옥의 죄수들보다 더하였고, 황제가 칙서를 여러 번 내렸으나 군사를 보낼 생각을 하지 아니하여 예의의 나라인 우리 삼한(三韓)으로 하여금 이적 금수의 나라가 되는 것을 모면하지 못하게 하였으니, 가슴 아픈 일을 어떻게 다 말할 수 있겠는가. 천리(天理)를 멸절시키고 인륜을 막아 위로 중국 조정에 죄를 짓고 아래로 백성들에게 원한을 사고 있는데 이러한 죄악을 저지른 자가 어떻게 나라의 임금으로서 백성의 부모가 될 수 있으며, 조종의 보위에 있으면서 종묘·사직의 신령을 받들 수 있겠는가. 이에 그를 폐위시키노라."

사림, 조선의 586

인조반정 직후 인목대비가 내린 교서의 일부다. 광해군의 죄목으로 가장 많이 언급된 것은 의리를 따르지 않고 명나라와 후금 사이에서 국익을 도모했다는 '이적' 행위였다. 의리의 시대에 그만큼 확실한 명분은 없었다. 광해군의 최측근 이이첨(李爾瞻)조차 후금 사신의 목을 베자는 등 척화 노선을 외쳤을 정도였다. 인목대비를 폐위하고 광해군의 이복동생(영창대군)을 살해하는 데 찬성했던 이이첨도 감히 후금과 화친하자는 목소리를 낼 수 없는 것이 춘추의리가 지배하는 조선 사회였다.

명나라의 패배를 예상한 광해군

광해군이라고 그것을 모르지는 않았다. 그는 선조도 거부했던 5현의 문묘 배향을 전격 수용했을 정도로 성리학 사대부들의 세계관을 이해했고 여론의 향배도 알고 있었다. 그런데도 왜 줄타기를 했을까?

일단 그는 명나라의 군사력을 신뢰하지 않았다. 임진왜란 때 분조(分朝)를 이끌면서 명나라의 군사력을 직접 관찰했는데 그때 확신을 갖게 됐던 것 같다. 1618년 명나라가 후금 원정을 감행했을 때도 광해군은 대다수 신료와 달리 명나라의 패배를 예상했다.

"대개 중국(명)의 군사와 말들은 비할 데 없이 수척하고 잔약하여, 아무리 과장해서 큰소리를 치더라도 조금도 실효가 없을 것이다. 이 적병(후금)의 세력은 아골타(阿骨打)와 다름이 없으니 우선 미봉책을 써서 흉악한 칼날을 피하는 것이 옳을 것이다. 만약 부질없이 큰소리만 쳐서 개돼지와 같은 놈들의 성을 더욱 북돋는다면 그 화가 헤아릴 수 없을 것이다. 군사를 나누어 가지고 우리나라를 침범하는 것이 무슨 어려움이 있겠는가. 오늘날 우리나라의 인심은 적을 헤아리지 못하는 것이 한두 가지가 아니다." 《광해군일기》 13년 6월 6일

광해군은 내정에서는 많은 실책을 저질렀지만, 최전선에서 전쟁을 경험한 덕분인지 힘의 향방에 대해서는 예민한 감각을 갖고 있었다. 하지만 그 당시 여론을 설득하는 데는 실패했다. 그래서 결국 광해군도 원병을 보낼 수밖에 없었는데, 다만 그가 보낸 강홍립(姜弘立)은 일찌감치 후금에 항복하는 등 나름의 '꼼수'를 썼다. 결국 이런 태도가 조선 유생들을 격분하게 했고 뒷날 반정의 빌미가 된 것은 잘 알려져 있다.

사회 분위기가 이렇다 보니 요동을 장악한 후금이 국서를 보냈을 때도 조정에선 누구 하나 나서려 하지 않았다. 국정을 책임진 정승들도 회피하기 바쁠 뿐이었다. 중요한 사안이긴 한데, 오랑캐의 국서를 다룬다는 것이 눈치가 보인 것이다. 결국 광해군이 역정을 냈다.

"영상(영의정)은 나오지 않을 뿐 아니라 만나서 의논하려 하여도 굳이 거

사림, 조선의 586

절하면서 따르지 않으며, 좌·우상도 진작시킬 생각은 하지도 않고 무사안일에 빠져 해이되어 있다. 급함을 알리는 서쪽 변방의 보고는 하루에도 두세 번씩 들어오는데 한 번도 명백하게 의정해서 하유하여 지시하지 않으니 이것이 무슨 까닭인가. 어젯밤에 들어온 서장은 더욱 급하니 빨리 의논해서 처리하라.”　　　　　　　《광해군일기》 13년 12월 9일

결국 이를 영의정이 떠맡긴 했는데, 이후 처지는 가련하기 그지없었다.

“영상이 성상의 하유를 받들고 억지로 나오기는 하였으나 전후하여 대간들의 규탄을 받아서 심지어 도깨비라는 말까지 들었으므로 매우 불안해하며 마치 중죄를 지은 사람처럼 합니다.”

《광해군일기》 13년 12월 21일

광해군은 기가 찼을 것이다. 아무리 대명 사대의 의리가 중요하다고는 하나 나라가 누란지위에 빠질 상황인데 오랑캐라고 무시하려고만 들다니 말이다.

후금에 대해 무시와 낙관론으로 일관

지도층이 불편한 현실을 있는 그대로 보려고 하지 않는 것은 나

라가 망가질 때 나타나는 징조 중 하나다. 조선의 사대부들은 날로 강성해지는 후금에 대해 근거 없는 낙관론으로 일관했다. "자강하는 대책과 원조하는 의리에 있어서도 일각의 조그만 해이함 없이 대국과의 협력을 두텁게 맺어 입술과 이의 형세를 이룬다면, 노적(奴賊, 후금)이 비록 흉포하고 강하더라도 족히 두려울 바가 없습니다"라며 큰소리쳤다. 아니, 현실이야 어떻든 당시 조선의 분위기에서는 그렇게 말해야만 했을 것이다.

그러니 광해군만 애가 탔다. 전장을 누볐던 그는 국제 관계는 오로지 '힘'에 의해 움직인다는 것을 잘 알았다. 명분은 그다음 문제였다.

> "우리나라의 병력이 과연 요양(遼陽)의 병력만 하겠는가. 답서를 보내지 않을 수 없다. 그리고 반드시 대적할 수 없다는 것을 똑똑히 알면서 한갓 한때의 사악한 논의만을 무서워하니 종사를 어디에 두려고 하는 것인가. 이것은 그저 자기의 몸만을 사랑하고 나라의 위망은 돌아보지 않는 태도이다. (…) 이제 만일 관문을 폐쇄하고 사신을 거절한다면 준절한 논의를 편 사람이 먼저 내려가서 적을 방어하는 것이 옳을 것이다. 오늘내일 하다가는 다만 나라만 망하고 말 것이다."
>
> 《광해군일기》 13년 12월 26일

요양의 병력은 후금에 패한 명나라 군대를 가리킨다. 조선이 과연 후금을 무시할 만큼 강하냐, 조선 군사력은 명나라보다도 약한

사림, 조선의 586

데 그를 물리친 후금과의 대화를 '사악한 논의'라면서 피하기만 하는 것은 과연 국정을 책임진 태도냐면서 힐책한 것이다. 그래도 소용없었다. 대명 사대의 관점에서 보면 광해군은 힘을 우선시하면서 의리와 명분을 소홀히 한 군주였고, 권좌에서 끌어내려야 마땅했다. 그런데 훗날 인조와 서인 정권이 삼전도에서 굴욕적인 항복을 하며 청나라에 물자를 원조하는 등 결과적으로 더 심각한 '배명' 행위를 저지른다는 점을 돌이켜 보면 역사란 참 웃픈 희비극과도 같다.

'부자 관계'가 된 명나라와 조선

조선 전기만 해도 명나라에 대한 사대는 국익이라는 기초 위에서 있었다. 세종과 세조가 추진했던 여진 정벌이 대표적이다. 이들이 명과 어느 정도의 마찰을 감내해가면서 압록강과 두만강 일대에서 군사 작전을 감행한 것을 앞에서도 살펴봤다.

다시 말해 대명 사대라는 독트린은 국가의 안보와 왕권을 강화하는 도구일 뿐, 왕조의 존립이나 국익보다 중요할 수는 없었다. 하물며 사대를 위해 국가를 위협에 빠뜨린다는 것은 결코 선택지가 될 수 없었다. 그렇기에 국가 통치에 성리학을 도입한 정도전조차도 명나라와 갈등이 빚어지자 요동 정벌을 추진했다. 심지어 조선 건국 세력이자 성리학자인 변계량(卞季良)은 천자만이 거행한다는 하늘에 대한 제사를 조선 국왕도 치를 수 있다고 주장했다.

그런데 조선 중기를 지나면서 상황이 바뀌었다. 성리학적 세계관이 심화하면서 명나라에 대한 사대는 보다 절대적인 가치를 갖게 됐다. 특히 임진왜란을 통해 '재조지은(再造之恩)'이라는 명분이 더해지면서 양국은 군신 관계를 넘어선 부자 관계로 발전했다.

군신에 부자 관계가 더해지면 어떻게 될까? 여기엔 중대한 차이가 있다. 군신 관계는 상대적이며 서로 지켜야 할 선이라는 것이 존재한다. 비록 명나라를 섬기더라도 이들이 도리에 맞지 않게 조선을 위협한다면 대응할 수 있다는 이야기다. 하지만 부모와 자식 관계라면 이야기가 달라진다. 유교 사회에서 아버지가 잘못한다고 해서 이를 응징하는 자식은 있을 수 없다. 그것은 이익이나 정당성을 따질 수 없는 절대적 관계다. 자식은 부모를 위해 모든 것을 희생할 수 있어야 했다.

임진왜란 후 조선과 명나라의 관계가 그랬다. 명나라가 망한 뒤에도 위험을 감수하면서 마지막 황제(숭정제)의 제사를 몰래 지내주는 관계를 정상적인 국제 관계라고 말할 수 있을까? 세계사적으로도 비슷한 예는 도저히 찾아볼 수가 없다. 더구나 17세기는 전 세계가 국익을 최우선으로 놓고 무한 경쟁에 돌입하던 때였다. 반면 밖으로 눈을 돌리지 않았던 조선에는 명나라에 대한 의리를 지키는 것보다 중요한 건 없었다. 조선 중기 대표적 사림인 송준길(宋浚吉)의 주장을 보자.

"우리 조정이 300년 동안 명나라를 섬겨왔으니 그 정이나 의리는 참으로 말할 겨를도 없습니다. 우리나라의 명맥을 다시 이어갈 수 있게 해준 신종 황제(만력제)의 은혜는 천지가 개벽한 이래로 또한 전적에서 찾아볼 수 없는 것입니다. 선조 대왕께서 이른바 '의리로 보면 임금과 신하이고, 은혜로 보면 아비와 자식 사이이다'라고 하신 말씀은 실로 참되고 간절한 말씀입니다." 《효종실록》 8년 10월 25일

이때는 청나라가 이미 중원을 지배하고, 명나라는 중국 남부 광둥성에서 겨우 명맥만 유지하고 있어 멸망은 시간문제였던 시기다. 그런 상황에서 송준길은 명나라 황실에 밀사를 파견하자고 효종에게 요청했다. 실익이라곤 찾아볼 수 없는 일에 국가의 명운을 내걸라는 위험천만한 주장이다. 명나라와 조선의 관계는 군신을 넘어선 부자 관계이니 국익 따위를 따져가며 결정할 수 없었던 것이다. 명나라가 망한 뒤 송시열이 충북 괴산 화양계곡에 '만절필동(萬折必東)'을 새기고, 만동묘(萬東廟)를 세워 임진왜란 때 파병한 만력제와 명나라의 마지막 천자 숭정제를 제사 지내도록 한 것은 유명한 이야기다.

만절필동은 '(황하가) 만 번을 꺾여도 결국 동쪽을 향해 흘러간다'라는 의미로, 명나라에 대한 사대모화를 다짐하는 의미로 사용했다. (2017년 12월 노영민 전 청와대 비서실장이 베이징에 주중 대사로 부임했을 때, 중국 베이징 인민대회당의 방명록에 '만절필동 공창미래(萬折必東 共創未來)'라고 써서 논란이 된 적도 있다.)

그랬기에 자신에게 빌붙어 있는 장수에게도 쩔쩔맬 수밖에 없었던 것이 조선이었고, 그 누구도 이를 바로잡을 생각도 하지 않았다. 이것은 같은 시기 일본의 성리학자 야마자키 안사이(山崎闇齋)가 "만약 중국이 공자를 대장으로, 맹자를 부장으로 삼아 일본을 공격한다면 공맹(孔孟)의 도를 배운 이들은 어떻게 해야겠는가?"라고 물은 뒤, 당황하는 제자들에게 "무기를 쥐고 그들과 일전을 벌여 공맹을 사로잡고 나라의 은혜에 보답해야 한다. 이것이 공맹의 도"라고 답한 것과도 확연히 대비된다.

이런 비정상적인 상황이 힘의 역학 관계로 움직이는 국제 관계에서 파열음을 내는 것은 시간문제였다. 그렇게 폭발한 것이 병자호란이었다.

세상이 지금 어떻게 돌아가고 있는지, 주변국의 동향은 어떤지, 상대국이 바라는 것은 무엇이며 약점은 무엇인지 등등을 파악하고 그에 맞는 대처를 했다면 호란은 피할 수 있었을 것이다. 그런데 조선 조정은 그렇게 하지 않았다. 국정 지도층이 도그마에 빠져 있을 때, 심지어 그것이 국제 사회의 힘의 역학 관계와 전혀 무관할 때 어떻게 나라를 위협하는지를 보자.

병자호란 전야 ① - 인조의 분노

1633년 1월 후금은 조선이 바친 공물을 돌려보내면서 가도를 칠

배를 원조하라고 요구했다. 경제적 곤란을 해소하기 위해 공물을 더 받아내려는 것이었는지, 정말로 가도를 치려는 목적이었는지는 분명치 않았다. 다만 정묘호란 후에도 양국은 시장 확대와 공물 품질을 놓고 몇 차례 마찰이 있던 상태였다.

가도를 공격할 선박을 요구받은 조선의 분위기는 격앙됐다. 사헌부에서는 후금의 무례한 국서를 받아 온 신득연(申得淵)에게 벌을 주라는 상소가 올라왔고(결국 파직됐다), 비변사에서는 후금과의 결전을 준비하자며 인조에게 전국에 교시를 내려야 한다고 건의했다.

> "국가가 불행하여 강한 오랑캐와 가까운 이웃을 삼았다. 그들은 오로지 속임수와 폭력을 능사로 삼아 천지순역(天地順逆)의 자연 도리를 아랑곳하지 않고 있어서 인도(人道)로 책망할 수 없었기 때문에 내가 즉위한 이래 일찍이 한 차례 사개(使介)도 왕래시키지 않았다. 정묘년 봄에 그들 적이 군사를 일으켜 우리나라 변방에 기습하였다. 뜻밖에 발생한 일이어서 열진(列鎭)이 와해되어 1순 내에 갑자기 문정까지 박도하였다. 이에 나는 종사와 생령의 대계를 생각하고 잠시 관계를 맺기로 허용하여 화를 늦추는 소지로 삼았다. (…) 짐승 같은 마음이라 끝내 의리로 회유할 수 없으니 변방의 싸움이 이로부터 시작된 것이다. (…) 진실로 각각 충의를 가다듬어 상하가 함께 원수에 대항한다면 천리의 강토로 남을 두려워할 것이 있겠는가. 이 뜻을 잘 알아두었다가 후일의 하명을 기다리라." 《인조실록》11년 1월 29일

조정 일각에선 "오랑캐 땅에 기근이 자못 심합니다. 지금의 공갈은 필시 물화를 탐하는 뜻에서 나온 것 같으니, 우선 더 주기로 허락하는 것도 무방하겠습니다"(윤방) 같은 유화론도 있었으나 분위기는 이미 기울어 있었다.

> "오늘날의 일은 결코 고식적으로 외교만 끊을 수 없다. 글을 주어 들여보내라. 그 내용은 '앞서 정묘년에 하늘을 두고 맹세하여 두 나라가 함께 태평을 누리리라 바랐는데, 따르기 어려운 요청이 뜻밖에 갑자기 나오니, 너희들이 먼저 끊은 것이지 우리가 끊은 것은 아니다. 또 저자를 개설하는 일에 대해서는 우리나라 사람들이 답서의 내용을 들은 후부터 모두 분개하여 한번 싸우고자 한다. 누가 너희들과 영리를 다투려고 하겠는가'라는 뜻으로 꾸미는 것이 좋겠다." 《인조실록》 11년 1월 28일

사뭇 준엄한 꾸짖음을 담고 있었다. 그런데 막상 인조가 이렇게 나오자 지금까지 강경 대응을 주문했던 비변사가 당황했다. 이들이 대후금 강경 분위기를 조성한 것은 어디까지나 국내용이었다. 그런데 인조가 정말로 전쟁 불사의 국서를 보내려 하자 그것이 불러들일 후과가 두려워지기 시작한 것이다. 이들은 급히 말을 바꿨다.

> "회답사(回答使)가 내일 떠납니다. 국가의 안위가 이번 사행에서 판가름이 날 것이므로 관계된 바가 몹시 중대합니다. 저 호인(胡人)의 바라는

바는 오로지 예단에 있는데, 국서(國書)에서 엄격한 말로 거절한 데다 사신이 또 모른다고 대답하면 짐승같이 난폭한 그들이 갑자기 성이 나 군사를 일으켜 쳐들어올 것은 필연적인 사세입니다. 그런데 우리에겐 믿는 것도 없이 경솔히 호랑이나 이리의 노기를 촉발한 격이니 위태하다 하겠습니다. 또 회답사라 칭할 뿐 전혀 사태에 대해 생각해본 일이 없으니 가진 것이라곤 외교를 끊자는 한 장의 문서뿐입니다. 속으로는 관계를 맺으려고 하면서 오로지 쌀쌀한 기색을 보여 화를 재촉한다는 것은 좋은 계책이 아닙니다. (…) 우리나라 사세의 어려움과 우호를 맺자는 뜻을 자세히 말하게 하여, 적이 만약 이로 인하여 생각을 고치면 오히려 후일을 기대할 여지가 없지 않을 것입니다."

《인조실록》 11년 2월 1일

인조는 황당했을 것이다. 언제는 자신에게 오랑캐에게 준엄한 경고를 하라고 다그치더니, 이제 와서 180도 태도를 바꿔 냉정하게 판단하라고 요구하니 말이다. 그래서 인조는 "오랑캐의 본심이 이미 드러났는데도 경들은 아직도 깨닫지 못하고 그들이 갑자기 성을 내지나 않을까 염려하고 있구나. 어떻게 조처해야만 오랑캐가 성내지 않고 국가가 태평하겠는가?"라며 오히려 이들을 나무랐다.

이를 보면 인조는 확실히 선조보다 정치 감각이 떨어지는 군주였다. 아마도 선조였다면 강경론을 유도한 뒤, 오히려 자신이 말을 바꿔 책임론에서 벗어나려 했을 것이다. 그런데 인조는 그런 정무 감각이 없었고, 무엇보다도 지금 세상이 어떻게 돌아가는지, 자신의 언행이 어떤 결과를 가져올지 제대로 알지 못했다. 이 대가는 얼마 후 톡톡히 치르게 된다.

조선의 외교 정책은 이처럼 이상과 현실 사이에서 갈피를 잡지 못하고 허우적거렸다. 사대부들은 국왕에게 강력한 대명 사대 독트린을 천명하고 오랑캐와 결전을 각오해야 한다고 주문하면서도 막상 그것이 현실화되는 것은 부담스러워했다. 영명한 군주라면 공식 석상에서 강온책이 나오도록 유도하고 리스크를 최소화할 수 있는 방안을 선택했겠지만, 인조는 그렇게 스마트한 인물이 아니었다. 물론 인조만 탓하기엔 당시 조정이 '묻지 마 반청'이라는 목소리로만 가득 차 있었던 점도 무시할 수는 없겠다.

그런 와중에도 후금의 답서를 가져왔다가 파직당한 신득연은 후금을 자극할 국서가 보내진다는 것을 알자 위험을 무릅쓰고 상소를 올렸다. 내용은 알려져 있지 않지만 당시 요동의 정세와 후금의 강력함에 대해 설명하는 내용이 들어갔던 모양이다. 그의 상소를 본 인조는 노여워했다.

"엊그제 그를 파직만 한 것은 그의 노고를 생각하여서지, 그의 죄가 가벼워서가 아니다. (…) 감히 태연히 소를 올려 이해를 논하고 또 속히 처리하기를 청하니 몹시 해괴한 일이다. 이를 다스리지 않으면 의리가 어둡고 막히게 되어 나라 꼴이 제대로 안 될 것이니 우선 추고하여 그 외람된 죄를 다스리라. 그리고 이 상소를 되돌려 주라."

《인조실록》 11년 2월 8일

사림, 조선의 586

근신 중에 저런 행동을 한 것을 보면 신득연은 자신의 안위만을 생각하는 신하는 아니었던 것 같다. 하지만 그런 신하가 '죗값'을 치르는 것이 병자호란 전의 상황이었다. 나라를 구할 '다른 목소리'가 통하지 않았으니, 나라가 무너지지 않는다면 더 이상했을지도 모르겠다.

그런데 이런 소동 속에 출발한 인조의 답서는 결국 전달되지 못했다. 답서를 들고 국경을 건너던 김대건(金大乾)을 체찰사 김시양(金時讓)과 부원수 정충신(鄭忠信)이 억류한 것이다. 문치주의를 표방한 조선에서 무신이 왕의 사신을 억류했다는 것은 목숨을 내놓은 일이었다. 엄청난 일을 벌인 이들은 상소를 올렸다.

"갑주를 입은 용사라는 것은 싸우자고 말할 뿐이지, 강화에 대해서 혀를 놀릴 수 없습니다. 다만 생각건대"라며 시작한 이 상소는 군사를 모르는 문신들의 '입 안보'가 얼마나 참담한 결과로 이어질 것인지에 대해 우회적으로 경고했다.

"노추(奴酋, 홍타이지)의 공갈이 비록 흉패하기 그지없으나, 소호(所胡)가 말한 수량에 따라 받고자 함이 그의 본심입니다. 그가 말한 배를 빌려주고 군사를 지원해주라는 것은 가설적으로 이 말을 하여 우리들로 하여금 어려운 일을 사양하고 쉬운 일을 하게 하려는 것에 불과합니다. 그렇지 않다면 신득연과 말할 때 무엇 때문에 '이 수량에 따르고자 하면 예단을 유치하였다가 추후 갖추어 오라'라고 하였겠습니까. (…) 지금 죄상을 들어 국교를 끊는 것이 성패를 생각하지 않고 차라리 나라와 함께 죽겠다고 하신 것이라면 신 등이 진실로 감히 이의를 제기할 수 없겠습니다만, 만약에 짐짓 국교를 끊는다는 뜻을 보여 그들로 하여금 두렵게 하여 따르게 하는 것이라면, 이 오랑캐는 너무 교활하므로 반드시 이 말에 동요되지 않을 것입니다. 나라를 꾀하는 방법으로 볼 때 이처럼 위험한 계책을 써야 하겠습니까."

이들은 먼저 현재 상황에 대해 감정을 누르고 이성적으로 분석할 것을 촉구하는 한편 조선의 군사력도 냉정하게 진단했다.

"현재 군량은 2만 명의 병사가 반 년 동안 먹을 것도 안 됩니다. 오랑캐가 맹약을 어겼다고 큰소리치며 올 듯 말 듯 하다가 우리의 군사가 나태해지고 군량이 떨어지기를 기다렸다가 계속 밀고 들어온다면 어떻게 대응할 것입니까. (…) 우선 이해관계로 말한다 하더라도 한 해 동안 군사를 부리는 비용이 어찌 수년간 내는 예단만 되겠습니까. (…) 대체로 세상의 일을 마음에 통쾌하게 하면 후회가 따르게 마련입니다."

김시양의 지적은 조리가 있었고 정곡을 찔렀다. 이쯤 되면 누가 무인이고 누가 문인인지 헷갈릴 정도다. 이때다 싶었는지 비변사도 거들었다.

"처음 신 등의 생각은 오랑캐의 계책이 폐물을 올려달라는 데에 있는 것 같았기 때문에 대략 알맞게 줄여 1년에 보낼 폐물의 값을 계산해보니 약 3만, 4만 필 정도면 가능할 것으로 여겼습니다. (…) 지금 김시양 등은 몸소 행군에 있으면서 방비가 형편없음을 목격하였기 때문에 그 말이 더욱 간절한 것입니다."

결국 인조는 답서를 거둬들였지만 무너진 권위 때문에 기분이 매우 좋지 않았다.

"인정이 크게 변하여 무신은 춥지도 않은데 떨고 문관은 천장을 쳐다보고 슬퍼하며 황황히 날을 보내면서 군상에게 허물을 돌리니, 과인은 국사를 어찌 할 수 없다는 것을 이미 알았다. (…) 장수로서의 도리는 감히 강화를 말할 수 없는 것인데, 김시양 등이 제 마음대로 사신을 머물러 있게 하고 조정을 지휘하려 드니 이는 전일에 없었던 일이다. 만약 이를 참수하여 대중을 경계하지 않는다면 무너진 기강을 진작시킬 수 없을 것이니, 김시양 등을 효시(梟示·목을 베어 높은 곳에 매달아 놓음)해야 할 것인지의 여부를 속히 의논해 아뢰라." 《인조실록》 11년 2월 1일

병자호란 전야 ② - 홍타이지의 격분

1636년 2월, 용골대(龍骨大)와 마부대(馬夫大) 등 후금 장수들이 조선을 방문했다. 사망한 인조의 정비 인열왕후를 조문한다는 명목이었지만 실제 목적은 달랐다. 홍타이지(皇太極)의 황제 즉위를 앞두고 이에 협조하라고 독려하기 위한 일행이었다. 그래서 사절단에는 후금에 충성을 맹세한 몽골족 추장 77명이 포함되어 있었다.

조선이 자신들을 오랑캐로 깔본다는 것은 후금도 잘 알고 있었다. 하지만 후금에서 보면 조선은 고려 때 몽골을 섬긴 나라였다.

7장 사림의 반청과 586의 반일

그런 몽골이 귀부했으니 조선도 후금을 따르라는 메시지였다. 조선에 도착한 용골대는 돌려 말하지 않았다.

"우리나라가 이미 대원(大元)을 획득했고 또 옥새를 차지했다. 이에 서달(몽골)의 여러 왕자들이 대호(大號)를 올리기를 원하고 있으므로 귀국과 의논하여 처리하고자 차인(差人)을 보냈다. 그러나 이들만 보낼 수 없어서 우리들도 함께 온 것이다."

대호를 올린다는 건 황제에 즉위한다는 의미였다.

오랑캐가 황제에 오르겠다는 소식을 듣자 조선에서는 다시 이들을 성토하는 목소리가 드높아졌다.

> "신이 태어난 처음부터 다만 대명(大明)의 천자가 있다고만 들었을 뿐이었는데, 이런 말이 어찌하여 들린단 말입니까. (…) 사신을 죽이고 그 국서를 취하여 사신의 머리를 함에 담아 명나라 조정에 주문한 다음 형제의 약속을 배신한 것과 참람하게 천자의 호를 일컫는 것을 책하면서 예의의 중대함을 분명히 말하고 이웃 나라의 도리를 상세히 진술한다면, 우리의 설명이 더욱 퍼지고 우리의 형세가 더욱 확장될 것으로 여겨집니다." (장령 홍익한)   《인조실록》14년 2월 21일

이 무렵 후금은 몽골까지 차지해 험난한 산해관을 거치지 않아도 중원으로 진출할 길이 열렸다. 반면 명은 요동을 빼앗긴 뒤 회복하지 못했고, 조선과 명 사이의 육로는 완벽하게 막혀 있었다. 다시 말해 명은 조선을 구할 힘도, 방법도 없었다. 이런 상황에서 '사신

을 죽여 머리를 명나라에 보내라'든가 '후금을 꾸짖고 예의의 중대함을 분명히 말하고 도리를 상세히 진술한다면 우리의 형세가 더욱 확장될 것'이라는 말은 잠꼬대나 다름없었다.

세상이 어떻게 돌아가는지 모른 채 자신의 좁은 식견이 세상의 전부라고 생각하는 사람들의 목소리가 정책에 반영될 때 거대한 비극이 초래된다. 홍익한(洪翼漢)은 1명의 관료이니 그렇다 치자. 이날 조선의 싱크탱크였던 홍문관에서 제출한 상소는 어땠을까.

> "어찌 차마 당당한 예의의 나라로서 개돼지 같은 오랑캐에게 머리를 숙이고 마침내 헤아릴 수 없는 욕을 당하여서 거듭 조종에게 수치를 끼친단 말입니까. 오랑캐로 하여금 우리나라가 지키는 바에 대해 기강을 범하고 상도를 어지럽히는 일로 범할 수 없다는 것을 알게 하여야 합니다. 그럴 경우 비록 나라가 망하더라도 천하 후세에 명분이 설 것입니다. 신들의 뜻으로는, 빨리 구금하라 명하여 상경하지 못하도록 해서 엄히 끊는 뜻을 보여야 한다고 생각합니다." 《인조실록》 14년 2월 21일

"비록 나라가 망하더라도 천하 후세에 명분이 설 것"이라는 대목에선 당혹스럽기까지 하다. 이들에게 나라를 지키는 것보다는 사대의 예를 다해 의리를 지키는 것이 훨씬 중요한 가치였다. 도리를 다하고 절개를 지키면 비록 나라쯤이야 망하더라도 감내할 수 있다는 것이었다.

힘의 논리가 지배하는 초원의 몽골 사람들은 이런 조선의 태도를

이해할 수 없었다. 그래서 이들은 조선 측에 이렇게 반문했다.

"명나라가 덕을 잃어 북경만을 차지하고 있다. 우리들은 금나라에 귀순하여 부귀를 누릴 것이다. 귀국이 금나라와 의를 맺어 형제국이 되었다는 말을 듣고는 금한(金汗, 후금의 지도자인 홍타이지를 가리킴)이 황제 자리에 오른다는 말을 들으면 반드시 기뻐할 것이라고 여겼었다. 그런데 이처럼 굳게 거절하는 것은 어째서인가?"

일방적인 군신 관계를 요구한 명나라보다 대등한 관계에 있는 형제국이 새롭게 대륙의 주인이 될 터인데 무엇이 문제냐는 것이다. 물론 '형제국'은 곧 군신 관계를 요구할 터였고, 이것은 지극히 외교적 수사에 불과할 수도 있다. 그래도 '천하의 주인=실력 있는 자'라고 생각했던 유목 민족들과 그렇지 않은 조선의 세계관 차이를 볼 수 있는 대목이다.

이렇게 시끌시끌한 가운데 2월 26일 후금의 사신 일행이 창경궁 명정전에 있는 인열왕후의 빈소를 방문했을 때 벌어진 일은 한 편의 블랙 코미디에 가까웠다.

이들을 빈소에 들이기 싫었던 조선 측은 이곳이 좁다는 핑계를 대고 금천교 위에 따로 장막을 설치해 조문하게 했다. 속이 뻔히 들여다보이는 푸대접에 후금 일행은 화를 냈지만 예정대로 조문을 진행했다. 그런데 마침 강풍이 불어닥치면서 장막이 걷혔고 훈련도감의 포수들과 왕실 직속 금군(禁軍)이 무장한 상태로 서 있는 것이 목격됐다.

만일의 사태에 대비한 것인지, 후금 측에 보여준 나름의 무력 시위였는지 모르겠지만, 마부대 일행은 위협을 느끼고는 황급히 한양을 빠져나갔다. 예상치 않은 전개에 조선도 당황했다. 이제는 전쟁이 불가피하다는 것을 직감했다. 인조는 3월 1일 팔도에 다시 유시문(諭示文)을 내렸다.

"우리나라가 갑자기 정묘호란을 당하여 부득이 임시로 기미될 것을 허락했는데, 오랑캐의 욕구는 한이 없어서 공갈이 날로 심해지고 있다. 이는 참으로 우리나라에 전에 없던 치욕이다. 그러니 치욕을 참고 통한을 견디면서 장차 한번 기운차게 일어나 이 치욕을 씻기를 생각함이 어찌 끝이 있겠는가. 요즈음 이 오랑캐가 더욱 창궐하여 감히 참람된 칭호를 가지고 의논한다고 핑계를 대면서 갑자기 글을 가지고 나왔다. 이것이 어찌 우리나라 군신이 차마 들을 수 있는 것이겠는가. 이에 강약과 존망의 형세를 헤아리지 않고 한결같이 정의로 결단을 내려 그 글을 물리치고 받아들이지 않았다. 호차 등이 여러 날 요청을 했으나 끝끝내 요청이 받아들여지지 않자 성을 내고 가게 되었다. 도성 사람들은 병혁의 화가 조석에 박두해 있다는 것을 알고 있으면서도 도리어 그들을 배척하고 끊은 것을 통쾌하게 여기고 있다. 더구나 팔도의 백성들이 만일 조정이 이런 정대한 거조를 하여 위험하고 절박한 기틀에 당면하고 있다는 말을 듣는다면 반드시 풍문만 듣고도 격분하여 죽음을 맹세코 원수를 갚으려 할 것이다. 어찌 지역의 원근과 지체의 귀천이 다르다 하여 차이가 있겠는가. 충의로운 선비는 각기 있는 책략을 다하고 용감한 사람은 종군을 자원하여 다 함께 어려운 난국을 구제해 나라의 은혜에 보답하라."

그런데 하필이면 이를 평안 감사에게 전달하려던 전령이 후금으로 돌아가던 용골대 일행에게 붙잡혔다. 조선이 전쟁을 준비한다는 내용이 고스란히 들어간 셈이다. 이 서찰은 훗날 홍타이지가 인조를 조롱하는 도구로 쓰인다.

이런 가운데서도 무력 대결은 피하고 싶었던 조선은 나덕헌(羅德憲)과 이확(李廓)을 사신으로 보냈다. 이들은 1636년 4월 11일 심양에서 열린 홍타이지의 황제 즉위식에 참석했는데, 절을 거부하고 청나라 황제를 인정할 수 없다는 태도를 고수하다가 후금 관헌들에게 구타당하는 등 오히려 참석하지 않느니만 못한 결과를 냈다. 홍타이지는 이들을 처형해야 한다는 요청을 받아들이지 않고 국서를 주어 돌려보냈다.

딴에는 목숨을 걸고 선비의 결기를 보인 나덕헌과 이확이었지만 자결하지 않고 살아 돌아왔다는 이유로 온갖 비난에 시달렸다. 후금의 분위기가 어땠는지, 군사력은 어느 정도인지, 홍타이지는 무엇이라고 말했는지 등등을 물어보는 게 정상이겠지만 명분론에 휩싸인 조선에서는 그런 문제는 안중에도 없었다. 이들을 처형하라는 삼사와 유생들의 상소가 이어졌다.

"의사(義士) 두어 사람을 모집하여 덕헌 등의 머리를 가지고 적한(賊汗)의 문에 던져주고는 대의에 의거하여 준열하게 책하는 것보다 더 좋은 방책이 없습니다. 그러면 그들이 아무리 개돼지 같다 하더라도 반드시 무

서워 꺼릴 것이며…." (평안 감사 홍명구)

"덕헌 등이 의리에 의거하여 자결하지 못하였으니, 극히 놀랍습니다. (…) 속히 잡아다 국문하여 처치하라고 명하소서." (비변사)

결국 이들은 3년간 유배에 처해졌다. 그나마 후금에서 절을 하지 않아 두들겨 맞았다는 소식이 전해지면서 내려진 '관대한' 처분이었다.

10만 대군을 이끌고 나타난 홍타이지

황제에 올라 국호를 청(淸)으로 바꾼 홍타이지는 그해 12월 10만 대군을 이끌고 압록강을 건넜다.

정묘호란 때처럼 강화도로 도망치려고 했지만 예상보다 빠르게 내려온 청군에게 막힌 인조는 길을 돌려 남한산성으로 갔고 그곳에서 포위됐다.

이때부터 항복이 결정될 때까지 양쪽 세계의 두 지도자는 서신을 주고받았다. 내용을 살펴보면 인조의 읍소와 홍타이지의 윽박이다.

■ 인조를 조롱하는 홍타이지의 첫 번째 국서

"너희 조선은 대원국(大元國)의 신하로, 매년 조공을 바치면서 생존을 도

모해오지 않았는가? 지금 너는 어째서 (그렇게) 건방지게 되었는가? 저들의 서신을 보지 못한 것은, 너의 마음이 혼미하고 교만하기 때문이다. 원래 너희 조선은 대대로 요(遼)·금(金)·원(元) 3국에 귀부하여 매년 조공을 보내 머리를 조아리면서 생존을 도모한 나라가 아닌가? 너희 조선은 예로부터 세세토록 타국에 공물을 보내어 머리를 조아리지 않고서도, 너희가 스스로 보존한 적이 여태껏 있었는가?"

"이제 네가 살던 성곽과 집 그리고 관아를 버리고 산성으로 도망쳐 들어갔다. 너의 악행으로 나라는 무너지고 백성은 괴로워한다. (그러니) 너는 만세(萬世)의 조롱을 어떻게 씻어버리겠는가? 너는 정묘년의 치욕을 씻기 위해서라도 왜 나와서 싸우지 않고, 아녀자처럼 도망쳐 회피하는가? 네가 비록 이 성에 은둔하여 화를 피했다고 한다면, 짐이 너를 (그냥) 간과하고 돌아가겠는가?"

"나의 형제들, 자식들, 여러 왕들, 문무대신, 귀부해온 여러 번왕(藩王)들, 패륵(貝勒)들은 (모두) 짐을 숭앙하여 (짐에게) 황제(皇帝)라는 존호를 정하였는데도, 네가 '왕과 신하가 쉽게 입에 담을 사안이 아니다'라고 말하는 것은 어째서인가? 무릇 황제의 존호를 정하고 안 하고 여부가 너의 뜻대로란 말인가? 너의 이 말은 매우 참람(僭越)하다. 대개 하늘이 (어떤) 사람을 도와 높이 올리면 (그는) 황제가 되고, 문책을 내리면 서인이 될 것이다. 네가 부모(의 나라)로 신뢰하던 명나라가 (너를) 도와주는 것을 짐은 보고 싶은데, 자식에게 화가 미쳤는데도 부모가 돕지 않고 있다."

이처럼 조롱으로 가득한 홍타이지의 편지에 인조는 뭐라고 답했을까.

"삼가 대청(大淸) 관온 인성 황제(寬溫仁聖皇帝)에게 글을 올립니다. 소방이 대국에 죄를 얻어 스스로 병화를 불러 외로운 성에 몸을 의탁한 채 위태로움이 조석(朝夕)에 닥쳤습니다. 전사(專使)에게 글을 받들게 하여 간절한 심정을 진달하려고 생각했지만, 군사가 대치한 상황에서 길이 막혀 자연 통할 방법이 없었습니다. 그런데 어제 듣건대 황제께서 궁벽하고 누추한 곳까지 오셨다기에 반신반의하며 기쁨과 두려움이 교차하였습니다. 이제 대국이 옛날의 맹약을 잊지 않고 분명하게 가르침과 책망을 내려주어 스스로 죄를 알게 하였으니, 지금이야말로 소방의 심사(心事)를 펼 수 있는 때입니다. (…) 지난날의 일에 대한 죄는 소방이 이미 알고 있습니다. 그러나 죄가 있으면 정벌했다가 죄를 깨달으면 용서하는 것이야말로 천심(天心)을 체득하여 만물을 포용하는 대국이 취하는 행동이라 할 것입니다. 만일 정묘년에 하늘을 두고 맹서한 언약을 생각하고 소방 생령의 목숨을 가엾이 여겨 소방으로 하여금 계책을 바꾸어 스스로 새롭게 하도록 용납한다면, 소방이 마음을 씻고 종사(從事)하는 것이 오늘부터 시작될 것입니다. 그러나 만약 대국이 기꺼이 용서해주지 않고서 기필코 그 병력을 끝까지 쓰려고 한다면, 소방은 사리가 막히고 형세가 극에 달하여 스스로 죽기를 기약할 따름입니다. 감히 심정

7장 사림의 반청과 586의 반일

을 진달하며 공손히 가르침을 기다립니다."

병자호란 전 부르짖던 척화파의 기개나 인조가 전국에 보낸 유시
문의 준엄함이 얼마나 허망했는지 실소가 나올 정도다. 내부에서
일었던 강경한 분위기는 어디서도 찾아볼 수 없다. 오히려 '치욕'이
라던 정묘년의 일을 들어 인정을 내려달라고 요청하고 있다. 또 그
토록 거부했던 '대청'이라는 국호를 쓰고 황제라고 깍듯하게 대접
했다. 하지만 청나라의 답장이 오지 않자 두 번째 편지를 보낸다.

"소방의 군신(君臣)은 발돋움하고 목을 빼어 날마다 덕음(德音)을 기다렸
으나 지금 열흘이 지나도록 분명한 회답이 없습니다. 이에 곤궁하고 사
정이 급박하여 다시 아뢰지 않을 수 없게 되었으니, 황제께서는 살펴주
소서. (…) 모두가 천성이 유약한 탓으로 여러 신하들에게 잘못 이끌린
채 사리에 어두워 살피지 못함으로써 오늘날의 결과를 초래하였으니,
스스로를 책망할 뿐 다시 무슨 말을 하겠습니까. (…) 소방은 바다 한쪽
구석에 위치하여 오직 시서(詩書)만을 일삼고 병혁(兵革)은 일삼지 않았
습니다. 약한 나라가 강한 나라에 복종하고 작은 나라가 큰 나라를 섬
기는 것이야말로 당연한 이치인데, 어찌 감히 대국과 서로 견주겠습니
까. 다만 명나라와는 대대로 두터운 은혜를 받아 명분(名分)이 이미 정해
졌습니다. 일찍이 임진년의 환란에 소방이 조석으로 망하게 될 운명이
었는데, 신종 황제(神宗皇帝)께서 천하의 군사를 동원하여 수화(水火) 가
운데 빠진 백성들을 건져내고 구제하셨으므로, 소방의 백성들이 지금

까지도 그 은혜를 마음과 뼈에 새기고 있습니다. 그리하여 차라리 대국에게 잘못 보이는 한이 있더라도 차마 명나라를 저버릴 수는 없다고 하니 (…) 지난해 소방의 일 처리가 잘못되어 대국으로부터 여러 차례나 진지하게 가르침을 받았는데 여전히 스스로 깨닫지 못하여 화란을 초래하고 말았습니다. 그러나 지금 만일 잘못을 용서하고 스스로 새롭게 되도록 허락하여 종사를 보존하고 대국을 오래도록 받들게 해주신다면, 소방의 군신이 장차 마음에 새기고 감격하여 자손 대대로 영원히 잊지 않을 것이고, 천하에서도 이를 듣고 대국의 위신에 복종하지 않음이 없게 될 것입니다."

자비를 간청하면서도 명나라에 대한 사대를 허락해달라는 것은 조선의 마지노선이기도 했다. 하지만 중원을 진격할 청나라로서는 수용할 생각이 없었다.

■ 1월 17일 홍타이지의 두 번째 국서

"네가 신하들과 나눈 서신을 짐의 신하가 획득해 비로소 너의 나라가 전쟁을 구상하는 뜻을 확실히 알게 됐다. (…) 지금 네가 또 불화를 일으키니 짐은 너의 군대가 반드시 조련이 잘되었으리라 생각한다. 그 누가 오히려 그렇지 않으리라 여기겠는가? (…) 너희가 나를 도적이며 오랑캐라고 부른다던데, 내가 도적이라면 너는 어째서 도적을 잡지 않느냐? (…) 네가 살고 싶으냐? 그러면 성에서 빨리 나와 항복하라. 네가 싸우고자 하느냐? 그러면 성에서 속히 나와 한번 겨뤄보자."

홍타이지는 시종일관 인조를 조롱했다. 팔도에 보낸 유시에서 청나라를 도적으로 칭했던 것을 언급하면서 "여기 도적이 왔는데 왜 잡지 못하느냐"라고 되묻기도 했다. 물론 조선은 이에 대해 한 마디도 응수할 수 없었다. 이후 보낸 3차·4차 국서에서는 모든 것을 포기한 채 성 밖에 나가 항복하는 것만은 하지 않도록 부탁했다.

■ 1월 18일 인조의 세 번째 국서

"성에서 나오라고 하신 명이 실로 인자하게 감싸주는 뜻에서 나온 것이긴 합니다만, 생각해보건대 겹겹의 포위가 풀리지 않았고 황제께서 한창 노여워하고 계시는 때이니 이곳에 있으나 성을 나가거나 간에 죽는 것은 마찬가지일 것입니다. (…) 옛날 사람이 성 위에서 천자에게 절했던 것은 대체로 예절도 폐할 수 없지만 군사의 위엄 또한 두려웠기 때문입니다."

■ 1월 21일 인조의 네 번째 국서

"신에게 안타깝고 절박한 사정이 있기에 폐하에게 호소하려 합니다. 동방의 풍속은 대국적이 못 되어 예절이 너무하리만큼 꼼꼼합니다. 그리하여 군상(君上)의 행동에 조금만 상도(常度)와 다른 점이 보이면 놀란 눈으로 서로 쳐다보며 괴상한 일로 여깁니다. 만약 이런 풍속을 따라서 다스리지 않으면 마침내는 나라를 세울 수가 없게 됩니다. 정묘년 이후로 조정의 신하들 사이에 사실 다른 논의가 많았으나 가능한 한 진정시키려고 하면서 거연히 나무라거나 책망하지를 감히 못했던 것은 대체로 이런 점을 염려해서였습니다. (…) 아무리 폐하의 은덕을 입어 다시 나라를 세울 수 있다고 하더라도, 오늘날의 인정(人情)을 살펴보건대 반드시 신을 임금으로 떠받들려 하지 않을 것이니, 이것이 신이 크게 두렵게 여기는 바입니다. 폐하께서 귀순하도록 허락하신 것은 대체로 소방의 종사(宗社)를 보전시키려 함인데, 이 한 가지 일 때문에 나라 사람들에게 용납되지 못한 채 마침내 멸망하고 만다면 이는 분명히 폐하께서 감싸주고 돌보아 주시는 본뜻이 아닐 것입니다."

인조는 성 밖으로 나갔다가 청군에게 잡혀갈 것도 두려웠지만 무엇보다 오랑캐 황제에게 항복하면 조선의 국왕으로 대우받을 수 없을 거라는 점을 가장 걱정했다. "아무리 폐하의 은덕을 입어 다시 나라를 세울 수 있다고 하더라도, 오늘날의 인정을 살펴보건대 반드시 신을 임금으로 떠받들려 하지 않을 것이니, 이것이 신이 크게 두렵게 여기는 바"라는 점에서 알 수 있다.

앞에서도 지적했듯이 오랑캐에게 항복한다는 것은 광해군보다 더욱 심각한 '배명' 행위였다. 정권을 지탱해준 지지층에게 버림받을 수 있다는 것이 인조가 가장 두려워하는 문제였다.

하지만 모두 소용없었다. 강화도에서 세자 일행이 모두 생포됐다는 소식을 접한 인조는 모든 것을 내려놓고 무조건 항복할 수밖에 없었다. 인조가 고개를 숙이던 그 순간, 오랑캐에게 항복하느니 차라리 죽는 게 낫다며 결전을 독촉했던 김상헌은 동문으로 빠져

7장 사림의 반청과 586의 반일

나가고 있었다.

주화파 최명길과 척화파 김상헌의 대립

"예부터 죽지 않는 사람이 없고 망하지 않는 나라가 없는데, 죽고 망하는 것은 참을 수 있어도 반역을 따를 수는 없는 것입니다. 전하께 어떤 사람이 '원수를 도와 제 부모를 친 사람이 있다'라고 아뢴다면 전하께서는 반드시 유사에게 다스리도록 명하실 것이며, 그 사람이 아무리 좋은 말로 자신을 해명한다 할지라도 전하께서는 반드시 왕법을 시행하실 것이니, 이것은 천하의 공통된 도리입니다."

《인조실록》17년 12월 26일 김상헌의 상소

"신종 황제가 임진년에 베푼 은혜는 가히 잊을 수 없지만 태조가 창업한 신령스런 터전 또한 차마 망하게 할 수 없다는 것은 큰 의리이다. 또 해동 사람은 이미 해동의 신하이니, 우리나라를 망하게 하지 않는 길이 옳은가, 아니면 명나라를 위하여 우리 임금에게 권하여 우리나라를 망하도록 함이 옳은가."

《지천선생 속집(遲川先生續集)》

청음(淸陰) 김상헌과 지천(遲川) 최명길은 병자호란 정국에서 척화파와 주화파를 대표한다. 극단적으로 갈린 이들의 행보는 정치적 입장에 따라 한쪽은 '히어로', 다른 한쪽은 '빌런'이 될 수밖에 없는 처지였다.

앞에서도 봤듯이 조선에서 이 문제는 선명성을 외치는 것이 유리했다. 두 사람의 운명은 이미 출발선에서 정해져 있었다. "청나라와의 화의(和議)를 선제적·공개적으로 주장한다는 것은 상당한 비난과 부담을 감내해야 하는 정치적 행위였다. 당대 조선의 정치 무대에서 척화론은 헛된 명분에 불과한 것이 아니라 강력한 정치적 파워를 가진 담론이었다."(허태구《최명길의 주화론과 대명의리》)라는 지적처럼 주화론을 외친다는 것은 성리학의 세계에선 영원한 빌런으로 기억되고 기록될 처지였다.

그래도 최명길은 자신의 명분보다는 나라를 구하는 길을 택했다. 인조반정에서 정사공신(靖社功臣) 1등에 봉해졌던 그는 쏟아지는 비난에도 불구하고 '사직을 보전해야 하며 이를 위해 전쟁은 피하자'라는 입장을 일관되게 견지했다.

그는 조선을 방문한 후금의 사신들을 자극하지 말자고 주장했고, 후금의 황제 등극에 대해 지나치게 흥분하지 말 것을 주문하며 이렇게 말했다.

"저들이 황제의 칭호를 참람하게 사용하더라도 이웃 나라와 맺은 형제의 의를 어기지 않고 우리를 전과 다름없이 대접한다면 저들이 감히 황제를 칭하든 말든 우리가 참견할 일이 아닙니다."

항전이 결정됐을 때도 "일단 홍타이지에게 사신을 보내 원하는 것이 무엇인지 정확히 알아보자"라고 했다가 빗발치는 상소에 한때 파직당하기도 했다. 1636년 12월 9일 압록강을 건넌 청나라 군대가 6일 만에 개성을 통과하며 초고속으로 진군하자 이때 시간을 벌기 위해 협상에 나선 것도 최명길이었다.

그는 "오랑캐 진영으로 달려가 맹약을 어기고 침략한 것을 따지 겠습니다. 그들이 듣지 않는다면 마땅히 그 말발굽 아래 죽을 것이요, 다행히 말 상대가 된다면 잠시나마 그들을 묶어둘 수 있을 테니 전하는 그 틈을 타 남한산성으로 들어가십시오"라고 제안했다. 최명길의 목숨을 건 시도 덕분에 시간을 확보한 인조 일행은 무사히 남한산성으로 들어갔다.

그는 사대부들이 후세의 비난을 두려워하며 기피했던 외교문서 작성도 떠맡았다. 1637년 1월 최명길이 작성하고 인조의 검토까지 마친 문서를 김상헌이 통곡하며 찢어버리자, 최명길이 웃으며 "대감은 찢었으나 우리는 마땅히 이것을 주워야 한다"라고 말했다.

'간신' 최명길과 '충신' 김상헌

반면 김상헌은 철저하게 성리학적 명분론에 입각한 사림의 입장을 대변하는 목소리를 냈다. 김상헌은 비변사 당상 시절엔 국왕이 "정차 무엇을 믿어야 하는가?"라고 묻자 "하늘의 도(天道)를 믿으십시오"라고 했고, 남한산성에선 "군신은 마땅히 맹세하고 죽음으로 성을 지켜야 합니다. 이루지 못하더라도 돌아가 선왕을 뵙기에 부끄러움이 없을 것"이라면서 왕에게 결사항전을 설득했다.

하지만 병자호란이 끝날 무렵 그가 보인 행보는 논란이 됐다. 포위가 풀리고 인조가 성 밖으로 나가 청 태종에게 무릎을 꿇을 때, 그는 동문으로 조용히 남한산성을 빠져나가 고향인 안동에서 칩거했다. 남한산성에서 항복이 결정됐을 때는 목을 매 자결을 시도했지만, 가족들이 보는 앞에서 벌어졌기 때문에 '쇼'라는 비난을 사기도 했다.

전쟁 초기 척화파의 강경론을 따랐다가 유례없는 굴욕을 당한 인조는 김상헌에 대해 훗날 이렇게 평했다.

> "오늘날 나라의 일이 이렇게 된 것은 다 시비가 밝지 않은 데에서 말미암았다. 김상헌이 평소에 나라가 어지러우면 같이 죽겠다는 말을 하였으므로 나도 그렇게 여겼는데, 오늘날에 이르러서는 먼저 나를 버리고서 젊고 무식한 자들의 앞장을 섰으니, 내가 매우 안타깝게 여긴다. 김상헌의 일은 한 번 웃을 거리도 못 되는데 무식한 무리는 오히려 남들이 할 수 없는 일이다 하니, 세상을 속이고 명예를 훔치기가 쉽다 하겠다." 《인조실록》15년 9월 6일

하지만 후세 조선 사대부들은 주화론자였던 최명길을 '배신자'로 규정했고 김상헌은 의리의 수호자로 떠받들었다. 특히 노론의 종주였던 송시열은 두 사람을 비교하면서 최명길은 '간신'이라면서 독한 비난을 한 반면, 김상헌은 '충신'으로 극찬했다. 이 때문에 최명길은 반정의 공신이었지만 "선류(善類)를 해치고 국법을 어지럽

혀 사론(士論)에 죄를 얻은 지 오래"라며 인조의 묘정에 배향되지 못하는 등 철저히 외면당했다.

그래서 임진왜란부터 병자호란까지 겪었던 조선 중기 문신 장유(張維)는 저서 《계곡집(谿谷集)》에서 "척화를 주장하는 사람이라 할지라도 겉으로는 큰소리를 쳤지만 속으로는 화의가 성립되는 것을 실로 바라고 있었는데, 다만 실속 없이 떠들어대는 주장에 희생될까 두려워한 나머지 감히 분명하게 발언을 하지 못할 따름이었다. 그런데 유독 최명길이 이러한 사태에 직면하여 문득 앞장서서 그 말을 꺼내면서 주저하거나 피하는 것이 없었는데, 끝내는 이 일 때문에 그만 탄핵을 받고 물러나는 신세가 되고 말았다"라고 남기기도 했다.

'조선'의 망국보다 중요했던 '중화'의 보존

최명길은 전쟁에 잡혀간 부녀자들이 돌아와 '환향녀'라며 손가락질당하고 이혼 소송이 속출했을 때 이를 반대했다가 사대부들의 공공의 적이 되기도 했다.

"만약 이혼을 허락하면 부녀자를 반드시 데려오려는 사람이 없게 될 것입니다. 이것은 허다한 부녀자들을 영원히 이역의 귀신이 되게 하는 것입니다. 신이 반복해서 생각해보고 물정으로 참작해보아도 끝내 이혼

하는 것이 옳은 줄을 모르겠습니다. 전쟁의 급박한 상황 속에서 몸을 더럽혔다는 누명을 뒤집어쓰고서도 밝히지 못하는 사람이 얼마나 많겠습니까."(최명길)

"사로잡혀 갔던 부녀들은 비록 본심은 아니었다고 하더라도 죽지 않았으니 절의를 잃지 않았다고 할 수 있겠는가. 절개를 잃었으면 다시 합하게 해서 사대부의 가풍을 더럽힐 수는 없다. 백 년 동안 내려온 나라의 풍속을 무너뜨리고 삼한을 들어 오랑캐로 만든 자는 명길이다. 통분함을 금할 수 있겠는가."   《인조실록》16년 3월 11일

최명길은 성리학적 세계에서 자신이 어떤 존재로 그려질지 예감했다. 그는 인조가 김상헌을 책망했을 때 이렇게 말했다.

"현명한 사람들은 김상헌이 어떤 마음을 쓰는지 알고 있습니다. 하지만 젊은 사람들 중에는 김상헌을 사모하여 본받는 자가 많이 있습니다."

필부에게는 '사사로운' 의리가 중요하지만 나라를 지켜야 하는 위치에 있는 사람들이 그런 사사로운 의리에 얽매인다면 종묘사직과 백성을 지킬 수 없다는 이야기다. 김상헌의 척화파가 나라의 보존보다 의리를 상위에 놓는다면, 최명길의 주화론은 나라와 나라의 보존을 상위 개념으로 두었다. 조선은 사대부만의 나라가 아니었다. 사대부야 자존심을 지키다가 죽으면 자신은 명예를 얻고 나라에서 남은 가족의 생계를 책임져준다지만, 일반 백성들이 짊어져야 할 짐은 어떻게 할 것인가.

그러나 조선의 사대부들이 생각할 때 나라를 지탱하는 힘은 충과 효라는 유교의 가치 체계였다. 명나라에 대한 사대 관계는 이를 구현하는 하나의 본보기였다.

명나라에 등을 돌린다면 곧 일반 백성에게 충효의 가치를 설득하기 어려워지고, 자신들의 집권과 기득권을 정당화하는 신분제적 질서가 근본부터 무너질 수 있다고 봤던 것이다. 사대부들이 느끼는 위협은 여기에 있었다. 따라서 나라가 망하더라도 '중화'라는 가치관은 반드시 고수해야 했다.

이와 관련해 구한말 의병에 대해서 우리가 간과하는 사실이 하나 있다. 구국의 열사로서 떠받들어지는 양반들이 이끈 의병의 목적은 나라가 아니라 중화의 보존이었다.

조선 말기 학자이자 의병장으로 활약했던 유인석(柳麟錫)의 주장을 보자.

> "구법을 써서 망하더라도 어찌 개화를 해서 망하는 것보다 심하겠으며, 비록 나라가 망하더라도 바르게 하다가 망하고 깨끗하게 하다가 망하는 것이니, 개화를 해서 극악하고 더럽게 망하는 것과는 같지 않을 것이다."
>
> 《우주문답(宇宙問答)》

그는 고종이 대한제국을 선포하고 '광무'라는 독자적 연호를 쓰자 이를 거부했고, 의병 활동 당시 평민 출신의 의병 지휘관인 김백선이 양반에게 대든다는 이유로 즉결처형하기도 했다.

"너는 본시 한낱 포수에 불과한 상민이었거늘, 어찌 분수를 모르는가?"

송시열의 북벌과 586의 반일

586 정치인들이 반일을 정치적 도구로 사용하는 이유도 이와 비슷하지 않을까. 현재 대한민국에서 민족과 반일은 586의 집권을 정당화해주는 하나의 세트다. 반일 의식이 약해지면 민족의 가치도 약해진다. 민족의 가치가 약해지면 통일의 명분이 없어지고 북한에 대한 유화책도 설 자리가 좁아진다.

반대로 반일 분위기를 고양하면 민족의식이 고조되고, 이는 김일성, 김원봉 등에 대한 우호적 분위기를 조성하는 데 도움이 된다. 그리고 최종적으로 대북 지원 정책을 추진하는 데도 용이해진다. 그렇기에 문재인 대통령이 일본의 수출 규제 때도 '민족. 남북한이 힘을 합치면 일본을 누를 수 있다'라는 식의 메시지를 설파하는 것이라고 나는 추측한다.

군자–소인의 구분에 가장 민감했던 노론의 영수 송시열은 "오늘날은 송나라가 남쪽으로 내려갔을 때와 같다. 주자가 남송 조정의 부름에 응한 것은 복수에 뜻을 두었기 때문이다. 오늘날 조정의 부름에 응하는 사람들은 주자의 뜻을 자신의 뜻으로 삼아야만 할 것이다"《송자대전》)라고 말하면서 17세기 조선을 남송 시대에 대입했다. 그가 볼 때 주자의 도를 숭상하는 선비라면 정의를 바로잡고 북벌에 매진하는 성전(聖戰)에 마땅히 참여해야 했다.

17세기 조선에 살던 송시열이 정치적 헤게모니를 잡기 위해 400년 전 망한 남송을 소환했듯이, 586 세력은 해방된 지 70년이 지난 대한민국을 1945년 해방 직후로 데려간다. 청산되지 않은 친일파와 그들로 인해 굴절된 역사를 바로잡아야 하는 '의무'를 상기시키면서, 외세에 의해 강제로 분단된 남북 민족의 통일을 이룩하지 않는한 진정한 해방은 오지 않는다고 이야기한다. 따라서 그들에게 현재의 정치 구도는 여전히 이승만 및 친일·친미 세력과의 대결인 것이다.

이런 분위기 속에서 일본에 대해서는 '죽창가'를 부르고 강경한 목소리를 내야 애국자로 대접받는다. 최명길이 "후금이 요구하는 것이 무엇인지 정확하게 알아보고 대응하자"라고 했다가 여론의 반발로 파직당했던 것처럼 한국에서는 "일본이 왜 저런 주장을 하는지 알아보자"라는 목소리가 자리 잡을 공간이 없다. 닥치고 '반일'이다. 하지만 그것이 과연 바람직한 해결책이 될 수 있을까.

국제 관계를 국내 정치용으로 악용

위안부 피해자 문제를 보자. "피해자가 인정하지 않는 합의는 인정할 수 없다"라며 강경한 목소리를 내면서 박근혜-아베 시절 체결한 위안부 합의안을 비판했던 문재인 정부는 2021년 신년 기자 회견에서 "한국 정부는 2015년 합의가 양국 정부 간의 공식적인 합 의였다는 사실을 인정한다"라고 말했다. 또 "한일 양국이 대화하는 중에 위안부 판결 문제가 더해져서 곤혹스럽다"라며 말을 바꿔 관 련 시민단체로부터 반발을 사기도 했다. 문재인 정부의 강경 노선 이 과연 위안부 피해자들을 위해 더 좋은 결과를 가져왔는가? 도 쿄 나리타 국제공항에 도착한 뒤 "천황 폐하께 가서 신임장을 제정 해야 한다"라고 발언한 강창일 주일 대사는 명분과 실리 중 하나라 도 건진 것이 있는가?

　사실 문재인 정부처럼 책임은 지지 않고 명분론을 앞세워 큰소 리만 치는 일은 누구나 할 수 있는 가장 쉬운 선택이다. 역대 정부 가 그걸 몰라서 하지 않은 게 아니다. 심지어 지지율도 끌어올릴 수 있는 손쉬운 단기 해법이지만, (그래서 유혹도 크지만) 그 뒤에 따 르는 책임을 생각한다면 감히 선택하기 어려운 옵션이었기 때문에 선택하지 않은 것이다. 이와 관련해 〈경향신문〉 유신모 외교 전문 기자의 칼럼은 다소 길지만 정독을 권한다.

> "서울중앙지법이 지난 8일 일본군 위안부 피해자들이 일본 정부를 상 대로 제기한 손해배상 청구소송에서 원고 승소 판결을 내린 것에 대해 문재인 대통령은 "곤혹스럽다"라고 했다. 정의기억연대(정의연)는 '역사 적인 판결'에 곤혹스러움을 표했다는 이유로 대통령을 격하게 비난했 다. 하지만 문 대통령이 그런 이유로 비난받는 것은 합당하지 않다. 한

국가의 권력 행위는 타국의 재판 관할권 밖에 있다는 '국가면제(주권면제)'를 인정하지 않은 것에 이 판결의 의미가 있다. 위안부 문제 본질이 아닌 재판 관할권에 대한 판단이므로 승소든 패소든 일본이 반인권적 범죄를 저질렀다는 사실에는 영향을 미치지 않는다.

국제관습법의 국가면제는 절대적이지는 않지만 국제적 대세다. 그래서 이를 인정하지 않은 한국 법원의 판결은 국제법 관점에서 획기적이다. 그러나 '너무도 선구적인' 판결이어서 아직은 국제적 지지를 받기 어렵다는 것이 문제다. 문 대통령이 곤혹스러운 것은 일본의 주장에 동조하고 있기 때문이 아니라 판결에 따른 국가적 부담 때문이다. 정의연의 대통령 비난은 번지수가 틀렸다.

이 판결은 한국 법원의 선진적 인식을 보여줬지만 대가는 클 것이다. 국가면제는 위안부 문제에만 적용되는 것이 아니다. 판결 논리대로라면 한국은 세계사적인 각종 사건들에 대해 국제적 흐름과 배치되는 입장을 가져야 한다. 한·일 간 위안부 논쟁은 이제 국가면제 적용 여부로 전선이 확대됐다. 한국에는 결코 유리하지 않은 전선이다. 윤리적 측면에서 위안부 문제에 수세일 수밖에 없는 일본은 한국을 공격할 수 있는 좋은 구실을 얻었다. 승소했음에도 배상을 받는 것은 사실상 불가능하고 일본이 사죄할 가능성은 더욱 희박해졌기 때문에 피해자들에게는 실익이 없다. 문제 해결은 더 어려워졌고, 한·일 관계도 더 깊은 수렁으로 들어가고 있다.

곤혹스럽다는 문 대통령의 말은 정의연의 주장과는 다른 차원에서 비판받아야 한다. 문 대통령은 훨씬 일찍 곤혹스러워야 했다. 집권 초기

한·일 위안부 합의 문제를 다룰 때부터, 강제징용 피해자들에 대한 일본 기업의 배상 확정판결을 앞두고 있을 때부터 곤혹스러워야 했다. 한국에 유리한 싸움이 아니었기 때문이다. 하지만 이 문제를 신중하게 다뤄야 한다는 의견을 경청하지 않았고, 지지자들은 그런 목소리에 '토착왜구' 낙인을 찍었다.

'불퇴전'을 외치며 대일 공세에 나섰던 정부는 지금 태도를 바꿔 뒤로 물러서고 있다. 수출규제를 풀지 않으면 한·일 군사정보보호협정(GSOMIA)을 깨겠다던 엄포는 사라졌다. 이제는 해결 방안을 놓고 일본이 아닌 피해자들을 설득하겠다고 한다. 한국은 판결을 이행할 길도, 일본의 공세에 대응할 마땅한 방법도 없다. 모두 예상됐던 일들이다.

한국이 도덕적 절대우위를 가진 과거사 문제에서 일본에 밀리는 초현실적 일들이 벌어지게 된 원인과 책임이 문재인 정부에만 있는 것은 아니다. 일본에 대한 강경 일변도의 목소리 외에는 용납하지 않는 한국 사회 전체의 책임이다. 일본 문제에 대해서는 생산적인 토론이 불가능하다. 무엇이 국익에 도움이 되는지, 도덕적 우위를 계속 유지하려면 어떤 전략을 가져야 하는지 냉철하게 논의할 여지가 허용되지 않기 때문이다. 한국에는 반일감정을 정치적·사회적으로 이용하려는 부류, 그런 선동에 휘둘려 대책 없는 강경론을 외치는 부류, 잘못된 길로 가고 있음을 알면서도 눈치 보고 침묵하는 부류만이 존재한다. 그런 세월이 쌓여 이뤄진 결과가 지금 우리가 목도하고 있는 한·일 과거사 문제의 현실이다. 정치인·관료·학자·법조인·언론·시민단체 모두가 공범이다.

이순신이 부산의 일본군 본진을 공격하라는 선조의 명령을 따르지 않은 것은 나라를 구하려는 충정이 없었기 때문이 아니라, 그런 싸움은 이기기 어렵고 결국 나라를 지킬 수도 없게 된다는 것을 알고 있었기 때문이다. 강제징용·위안부 판결의 후폭풍을 우려하고 정부 대응의 문제점을 비판하는 것은 친일적 시각을 갖고 있기 때문이 아니라, 그런 방식으로는 일본에 이기기도 어렵고 문제를 해결할 수도 없다는 것을 말하기 위한 것이다. 지금부터라도 진지하고 냉철하게 과거사 문제를 풀어가야 한다. 그러기 위해서는 이순신이 환생한다고 해도 친일파로 몰릴 수밖에 없는 지금의 사회 분위기가 바뀌어야 한다. '비분강개하여 목숨을 내던지는 것은 쉬우나 끝까지 참고 의를 성취하는 것은 어렵다(慷慨赴死易 從容就義難).'"〈경향신문〉 2021년 1월 29일 자 '이순신은 왜 부산을 공격하지 않았나'

중국의 사드 보복 때는 롯데마트가 온갖 피해를 당하면서 쫓겨나다시피 했고, 그때 처해진 '한한령(限韓令)'은 아직까지 발효되고 있다. 산업은행이 2017년 낸 보고서에 따르면 수출과 관광의 감소 등으로 한국이 본 피해액이 그해에만 22조 4,000억 원에 달했다.

그런데 정부가 이런 문제에 대해 항의 한 번을 제대로 못 했다. 이때는 칭따오 맥주 하나 불매를 못 하면서, 일본이 징용공 판결에 반발해 백색국가에서 배제한다는 발표가 나오자 유니클로를 비롯해 일본의 소위 '우익 기업'을 집요하게 파헤쳐 일본 맥주도 편의점에서도 퇴출하지 않나. 이 과정에서 조국 전 법무부 장관을 비롯해 여권의 주요 인사들이 반일의 선봉에 서서 분위기를 주도했던 것은 여전히 기억이 생생하다.

최근에 논란이 된 후쿠시마 원전의 방류수 문제도 마찬가지다. 원자력을 전공하는 학자들도 '실제로는 문제가 없는 수준'이라고 했지만 문재인 대통령은 국제 소송을 검토하라고 했다. 그런데 중국발 미세먼지에 대해선 중국에다 제대로 항의 한번 한 적이 없지 않던가.

2020년 11월 국립환경과학원이 공개한 '한 · 중 · 일 3국의 동북아 장거리이동 대기오염물질 연구결과 요약 보고서'에 따르면 우리나라의 초미세먼지의 49%가 국외 요인이며, 그중 32%는 중국 영향으로 나타났다. 이에 대해 조명래 환경부 장관은 "중국 기여는 32%에 불과했다. 중국의 영향만으로 돌릴 수 없는 측면이 있다"라고 말했다.

왜 미세먼지의 32%의 영향을 끼치는 중국에 대해선 이처럼 침착하게 대응할 것을 강조하면서, 정작 과학자들이 "별문제 없다"라고 하는 후쿠시마 원전 방류수에 대해선 승산도 적다는 국제 소송까지 벌이려 할까. 이런 결정은 과연 누구를 위한 것일까.

조선 후기 송시열을 비롯한 사대부들이 입으로만 '북벌'을 외치면서 정치적으로 이용했듯이, 현재의 반일도 정치적 목적을 위한 수사에 불과하다는 느낌을 지우기가 어렵다.

2019년 청와대와 여권에서 반일 운동을 부추길 때 외교 전문가들은 후일을 대비해 완급 조절이 필요하다고 조언했지만, 정부의 책임 있는 누구도 이에 귀 기울이지 않았다. 외려 강경화 전 외교부 장관이 초치한 일본 대사가 90도로 고개 숙이는 사진을 퍼 나르며 환호하기에 바빴다. 후금의 용골대 일행이 돌아갈 때 인조가 전국에 강경한 유시문을 내리고 위엄을 차린 것처럼.

그런데 지금 어떤가. 문 대통령은 "한일 관계 복원을 위해 노력하겠다"라고 달래고, 되레 일본이 냉랭하게 무시하는 상황이 됐다. 역사는 돌고 돈다지만 바닥으로 추락한 양국 관계를 복원하는 데는 상당한 시일이 걸릴 수밖에 없다.

카를 마르크스(Karl Marx)는 역사가 반복되는데 한 번은 비극으로, 한 번은 소극(笑劇)으로 끝난다고 했다. 반면 움베르토 에코(Umberto Eco)는 상이한 형태의 비극들이 계속 반복된다고 했다. 소극이든 비극이든 국제 현실을 외면하고 과도하게 '민족'이라는 도그마에 빠져 있던 문재인 정부의 정책은 후세가 짊어져야 할 큰 짐을 남겼다.

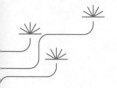

도덕을 외친 사람은
특권을 챙겼다!

누군가 조선은 사대부의 나라라고 했다. 조선의 역사를 돌아보면 틀림이 없는 말이다. 국방, 교육, 경제, 복지 등 모든 분야에서 사대부를 위한 특권으로 가득 찬 '매트릭스'를 만들어놓고 과실을 향유했다.

이를 완성한 것은 누구보다 정의와 도덕을 부르짖은 사람이다. 도덕 권력으로 시작해 정치권력과 경제 권력과 학문 권력까지 장악한 이들은 자신들과 생각을 달리하면 '소인배, 사문난적'으로 찍어 눌렀고, 누구의 견제도 받지 않은 채 자신들을 위한 세상을 펼치는 데 성공했다.

사람은 처음에는 기득권을 성토하며 일어섰고, 이후에는 '반역자'가 아니라고 인정받기 위해서 투쟁했다. 그 뒤에는 자신과 뜻을 같이하는 왕과 정치권력을 공유했고, 정치적 입장과 세계관이 다르면 배척하고 쫓아내기도 했다. 그다음엔 아예 자신들의 입맛에 맞는 왕을 세우며, 책임은 지지 않고 이익만 누리는 삶을 보냈다. 그 결과의 종착지가 어디였는지는 역사가 분명하게 보여준다. 바로 19세기 조선이다.

하지만 이런 정치적 퇴행이 아니더라도 조선은 결코 백성을 위한 나라는 될 수 없었다고 생각한다. 선명한 명분을 앞세워 현실을 외면하고 이재를 천시하며 도덕 지향적 국가를 만들려고 했던 시도가 성공한 적은 단 한 번도 없었기 때문이다.

이들은 훈구 세력을 공격할 때는 맹자와 주자를 동원해 '군자'가 아니라고 신랄하게 비판했고, 자신들이 누리는 특권에 대해 지적이 나올 때는 '이 나라의 구습이 그래왔다'라며 맞받아쳤다.

이들은 이미 조선의 정치, 사회, 문화적 권력을 모두 손에 넣고도 자신들이 기득권이라는 것을 인정하지 않고, '안빈낙도'를 노래하며 청빈거사를 자처하다가 자손들에게 사회적 지위를 대물림했다.

또한 이들은 불편한 국제 현실에는 눈을 감았다. 이들에게 세계는 오로지 동아시아뿐이었다. 중국은 '대국'이고, 주변엔 일본, 류큐 같은 '오랑캐' 나라들이 흩어져 있을 뿐이라서 중국의 심기를 건드리지 않고, 주변국은 도리로써 대하면 태평천하가 올 것이라고 여겼다. 그러면 오랑캐도 결국은 진심에 감복해 고개를 숙일 것이고, 그렇지 않으면 교류를 단절하면 그만이라는 것이 사림의 외교 정책이었다. 그 외에 세계가 어떻게 돌아가는지엔 관심이 없었다.

병자호란 때 굴욕적인 화의가 성립되자 박수춘(朴壽春)이라는 선비는 의병을 일으키려던 계획을 중단하고 은거했다. 그는 "산에 들어가 숭정(崇禎)의 선비가 되는 것이 소원이오, 세상에 나가 병자년의 백성이 되기 부끄럽다"라며 스스로를 '숭정처사(崇禎處士)'라고 칭하며 살았다. 숭정제는 명나라의 마지막 황제다. 박수춘뿐이 아니다. 향촌의 재지사족들은 명나라가 망한 뒤에도 '숭정'이라는 연호를 사용하면서 청나라의 시대를 거부하며 살았다. 자신의 삶을 지탱해준 특정 가치관을 꼭 붙들고 세상의 흐름과 변화에 눈을 감는 것이 마음은 편했으리라.

그래도 박수춘은 자신의 신념과 세계관을 남에게 강요하지 않고 혼자 산속에 틀어박혀 그렇게 살았으니 그나마 나은 편이다. 적어도 나라와 백성들에게 피해를 끼치지 않았으니 말이다.

그런데 과거 대기업은 해체해야 하고, 공업 대신 농업을 발전시켜 미국과 일본에 종속된 식민 경제를 탈피해야 한다고 주장했던 인사들은 그 어떤 설명도 없이 권력과 자본의 주변을 배회하다가 이제는 자신들이 그토록 비난했던 방식으로 일어선 나라의 권력을 쥐고 있다.

이들은 미국이 민족의 화해와 협력을 방해한다면서 자신의 자녀는 미국으로 유학을 보내고, '죽창가'로 반일을 부르짖으면서 유니클로를 입고 렉서스 자동차를 타고 다닌다. '가붕개'로 살아도 행복한 세상을 만들자면서 자신의 자녀들을 위해서는 특별한 스펙을 꾸며주느라 바쁘기 그지 없고, 이 과정에서 불법, 탈법 행위도 마다하지 않는다.

지금까지 이 책에서 사림과 586의 닮은 점을 이야기했지만 차이점도 하나 있다.

적어도 사림은 '중화'가 아니라고 여긴 청나라나 일본으로 자녀들을 보내지는 않았다. 또 아무리 좋아 보여도 자신들이 비판했던 서양의 문물은 탐하지 않으려 했다.

그런 점에서 사림은 최소한의 자존심을 지키고 일관성을 유지하려고 했다.

참고 문헌

계승범, 《중종의 시대》, 《우리가 아는 선비는 없다》
김용헌, 《조선 성리학, 지식권력의 탄생》
에드워드 와그너, 《조선왕조 사회의 성취와 귀속》
박제가, 《북학의》
유성운, 《리스타트 한국사 도감》
강명관, 《열녀의 탄생》
윤인숙, 《조선 전기의 사림과 소학》
김범, 《사화와 반정의 시대》

《논문》
박창진, 〈조선조 己卯士林의 정치적 위상에 관한 연구: 중종 10년(1515)에서 중종 14
　　년(1519) 기묘사화 이전까지〉
진상원, 〈朝鮮中期 道學의 正統系譜 成立과 文廟從祀〉
이정철, 〈기묘사화 전개과정과 중종의 역할〉
최연식, 〈조선시대 도통(道統) 확립의 계보학〉
이정철, 〈조선시대 사림의 기원과 형성 과정〉
심예인, 〈여말선초 도학의 성격과 도통론〉
이수환, 〈16세기 전반 영남 사림파의 동향과 동방오현 문묘종사〉
김현영, 〈16세기 한 양반의 일상과 재지사족 묵재일기를 중심으로〉
정재훈, 〈조선중기 사족의 위상〉
김훈식, 〈朝鮮初期의 정치적 변화와 士林派의 등장〉
김범, 〈조선전기 훈구사림세력 연구의 재검토〉
이원명, 〈조선 후기 근기지역 京華士族 고찰 -龍仁李氏 문과 급제자를 중심으로-〉
소진형, 〈열녀: 조선 후기 성리학의 대중화와 여성의 욕망〉
이홍식, 〈조선시대 열녀전(列女傳)과 여성 유서(遺書)에 투영된 욕망의 간극과 그
　　의미〉
윤인숙, 〈16세기 전반의 鄕約의 성격과 이해-'소학 실천자들'의 향약론을 중심으로〉